おすすめします！

育児の教科書『クレヨンしんちゃん』

生きる力を育むマンガの読ませ方

徳田克己

福村出版

はじまるゾ〜

お木《き》のぼり
ガキの頃《ころ》
よくやったっけ
よーし
オレも!!
父《とう》ちゃーん
ここまで
来《こ》れる?
もっと
上《うえ》まで
行《い》って
やるぜ!!
木《き》のぼり中《ちゅう》 恐《こわ》くなって
おりられなくなった
30代男性《だいだんせい》です
消防《しょうぼう》レスキュー願《ねが》います
父《とう》ちゃん
ふるえてるね
バカが…

AC Vol.49 p.50

えーと
きょうはこのあと
コレクションの
整理《せいり》をして
3時《じ》15分《ふん》から
本棚《ほんだな》のチェック
して 4時《じ》から
へやの
そうじを…
ピリ
ピリ
スケジュールメモ
そんなに ピリピリ
生活《せいかつ》してたら
病気《びょうき》になっちゃうわよ
もっと こう…
例《たと》えば しんのすけ君《くん》みたいに
おおらかに生《い》きなさい!!
はい…
イロハオエ〜〜〜
ホノルルで♪
ルルルルル〜〜〜
スーパー
さっきの話《はなし》で
訂正《ていせい》したい部分《ぶぶん》が
あるんだけど…
?

AC Vol.40 p.72

もくじ

2章 クレヨンしんちゃんは子どもの良いモデルになります

3章
クレヨンしんちゃんは子どもの育ちに良い影響があります

もくじ

4章 クレヨンしんちゃんを使って上手に子育て

5章

マンガ『クレヨンしんちゃん』から子どもは何を学ぶのか

※『クレヨンしんちゃん』のマンガはアクションコミックス（ＡＣ）より掲載しました。

序章

こんな美味しい果実なのに、食べないのはもったいない

～連載当初からのファンとして、『クレヨンしんちゃん』を研究調査しました～

AC Vol.50 p.112

春日部市で、しんちゃんと出会う

私は大学院の学生時代、埼玉県春日部《かすかべ》市に住んでいました。つくば市にある大学の研究室に通いながら都心の幼稚園にも勤務していました。そのころ、「Ｗｅｅｋｌｙ漫画アクション」で『クレヨンしんちゃん』の連載が始まったのです（１９９０年８月）。

主人公しんちゃんは、アクション幼稚園（アニメではふたば幼稚園）に通う5歳児です。私自身が幼稚園の先生をしていましたから、マンガの舞台はまさに私の日常でした。そこで繰り広げられる、ほかのマンガでは考えられない笑いの世界に私は引き込まれてしまいました。おもしろいギャグがあると手帳にメモをし、機会をとらえては雑談や授業で使い、コミュニケーションを円滑にすることに役立ててきました。『クレヨンしんちゃん』のギャクには軽薄なものもありますが、「ああ、そうだなあ」と納得するものもあります。たとえば、野原ひろしにはこんなセリフがあります。「見えないところで友人のことを良く言っている人こそ信頼できる」「正義の反対は悪なんかじゃないんだ。正義の反対は〝また別の正義なんだよ〟」。さらに現在、私は大学生の娘と高校生の息子の父親になりましたが、同じ父親としてひろしのセリフには涙が出るほど感動することが多いのです。これについては本文で紹介しましょう。

さらに、作者の臼井儀人《うすいよしと》さんが春日部市在住であったため、しんちゃん一家も春日部に住んでいる設定になっています。野原ひろしとみさえは、長男しんちゃんの誕生を機に、手ごろなマイホームを求めて春日部市に引っ越してきたのです。自分が住んでいる街が舞台のマンガであるというのも、私が『クレヨンしんちゃん』にハマった理由のひとつです。

しんちゃんの登場人物は、しばしば埼玉県ゆかりの名前で登場します。たとえば、人の心を入れ替える装置《チェンジマッシーンミレニアム》や、くっついた人（物）が心に隠している本音をペラペラ話してしまう《思考伝達スピーカー》など、おかしな発明ばかりする博士は、北与野《きたよの》博士といいます。アクションデパート迷子センターの係員で、いつもしんちゃんのおかげで散々な目に遭うのは、越谷《こしがや》順子さん。「北与野」は埼玉県さいたま市の駅名であり、「越谷」は埼玉県の市の名前です。また、埼京線の駅に「浮間舟渡《うきまふなど》」がありますが、園児たちが、フランク永井さんの名曲『有楽町で逢《あ》いましょう』のパロディ『浮間舟渡であいましょう』に合わせてお遊戯をするシーンもあります。

このような、臼井さんの、くすぐりのひとつひとつに、私はニヤリと、あるいはゲラゲラと笑い、『クレヨンしんちゃん』を読むのを毎週楽しみにしてきたのです。

ところが、２００９年9月臼井さんは、思わぬ突然の事故によって帰らぬ人となってしまいました。ファンとして、また『クレヨンしんちゃん』の研究者として私は大きなショックを受け、悲しみに沈みました。

そして、学会などで発表していた『クレヨンしんちゃん』に関する研究調査の成果を、一般のお父さん、お母さんに広く読んでもらいたいと、この本を上梓《じょうし》しました。『クレヨンしんちゃん』はギャグマンガとして秀逸であると同時に、ご両親の子育てに役立ち、また子どもの育ちに良い影響をもたらします。子育てをしているお父さん、お母さんには「肩の力を抜くこと」を教えてくれますし、子どもにとっては「現実社会のいろいろな側面」、たとえば家族や友達の大切さ、ハッピーエンドでは終わらない現実世界の厳しさ、大人は何を喜び、何に悲しんでいるか、などが学べる作品なのです。

こんなに美味しい果物を食べないのは、もったいない

『クレヨンしんちゃん』が子育てに役立ち、さらに子どもに良い影響があると聞くと、驚くご両親が多いかもしれません。とくにお母さんは、下品で「子どもに読ませてはいけない」マ

ンガだと思っていることが多いようです。私の研究室の調査によると、実際にマンガを読んだことも、アニメを見たこともないお母さんのほうが、『クレヨンしんちゃん』への評価が低いことがわかっています。

マスコミが、主人公しんちゃんが、「おしりを見せる」「大人に生意気《なまいき》な口をきく」とさかんに喧伝《けんでん》したため、そのイメージがこびりついてしまったのでしょう。たしかに、しんちゃんは、パンツを下ろしたり、母親を呼びすてにしたりしますが、それはマンガのほんの一面にすぎません。マンガ全体を見れば、家族愛と友情に満ちていることがわかります。人として欠かすことができないモチーフがいっぱいつまっている作品なのです。

ドリアンという果物があります。私は大好きで、ベトナムやタイ、マレーシアを訪れると必ず食べます。東南アジアを産地とするトゲで覆われた実で、鼻が曲がりそうな強烈な臭いがしますが、殻《から》を割ってクリーミーな中味を食べるとたいへんな美味で「果実の王様」と呼ばれています。

『クレヨンしんちゃん』は、ドリアンに似ています。ドリアンを食べた人はだれでも、他人に「こんなに美味しいフルーツなのに、食べないなんて、もったいない」とすすめます。私も、「『クレヨンしんちゃん』は、こんなにすばらしいマンガなのに、子どもに読ませないのはもっ

たいない」とすすめたいのです。ひとりの研究者として、『クレヨンしんちゃん』にまつわる誤解をとき、真実を明らかにしたいとの思いで、研究調査を行ってきました。

また、もうひとつ、ご両親にとって意外であろう事実があります。それは、マンガは子どもの国語力、とくに読解力を高めることです。マンガは、コマによって構成されているという、絵本にも活字の本にもない特徴があります。コマとコマの間には、多くの省略があり、読者はそこを補いながら、ストーリーを読みすすめます。これが、読解力につながるのです。この点からも、ぜひ、お子さんにはマンガを読ませてあげてください。

しんちゃんには、子どものモデルとなるシーンがたくさん出てきます

ここで、『クレヨンしんちゃん』について簡単に紹介しましょう。

１９９０年8月から２０１０年3月まで、いくつかのマンガ雑誌に連載され、コミックス（アクションコミックス）は50巻にのぼります。臼井さんが亡くなられたあとは、長年作品に携わってきたスタッフによって『新クレヨンしんちゃん』として再スタートしました。テレビアニメの放映も続いており、また劇場用映画も19本が公開されています（２０１１年5月現在）。

作品は50巻にものぼるため膨大《ぼうだい》な数の人物が登場しますが、次のページにこの本でふれる主要な人物を相関図にまとめましたので、参考にしてください。

野原家はまさに子育て中であり、お父さん、お母さんが読めば、子育てのモデルとなります。また、子どもにとっては、身近な日常である幼稚園が描かれていることで、さまざまなシーンから多くのことを学べます。

『クレヨンしんちゃん』には、子どもの育ちに役立つシーンがたくさんつまっていることは、2章で詳しく説明しますが、ここではさわりをご紹介しましょう。

子どもは、周囲のモデルから、さまざまなことを身につけていきます。一番のモデルは、お母さんそしてお父さんですが、その他の人物や、映像やマンガなどの間接体験からも多くを学びます。

『クレヨンしんちゃん』には、子どものモデルとなるシーンがたくさんあります。間接体験として好ましい効果があるのです。今まで「しんちゃんは悪いマンガ」だと思っていた、お母さんは、これらのシーンを読めば驚くのではないでしょうか。『クレヨンしんちゃん』の良さに、ぜひ気づいてください。

人物相関図

みさえ（29歳）しんのすけの母
昼寝好きの主婦　熊本県出身

しんのすけ（5歳）
（しんちゃん）
幼稚園ひまわり組
超マイペースな主人公

ひろし（35歳）しんのすけの父
中堅商事会社係長 秋田県出身

シロ
野原家の飼い犬
しんのすけが
拾ってきた

ひまわり（0歳）
しんのすけの妹
貴金属とイケメンが
好きな赤ちゃん

野原家

熊本（小山家）

よし治
（おじいちゃん）

ひさえ
（おばあちゃん）

まさえ
（みさえの姉）

むさえ
（みさえの妹）

秋田（野原家）

銀の介
（おじいちゃん）

つる
（おばあちゃん）

せまし
（ひろしの兄）

マサオくんのママ
カザマくんのママ
ネネちゃんのママ
ご近所
隣のオバサン
ロベルト
マサオくん
カザマくん
（トオルちゃん）
ネネちゃん
あいちゃん
ボーちゃん
お友達
またずれ荘
大屋主代
役津栗優
四郎くん
スーザン小雪
汚田急痔
にがりや京助
オマタさん
徳郎さん
園長先生
よしなが先生
まつざか先生
幼稚園
北与野博士
越谷順子

※その他ゆかいな登場人物多数

子どもの
モデルになる
シーン
困っている人を助けるぞ

しんちゃんが，歩道橋で，シルバーカーのお年よりを助けます。子どもは「階段ではシルバーカーを使っているお年よりは困る」ことと「シルバーカーは，どうやって手助けしたらいいか」を知ることができます。（AC Vol.25 p.20）50ページ参照

妹の世話をする，しんちゃん。読者である子どもは，おむつをかえ，飲み物を飲ませるシーンを読むことで間接体験ができ，自分の弟や妹の世話をするのをあたり前のことだと感じます。（AC Vol.50 p.20）

子どものモデルになるシーン

家族はみんな仲良しだぞ

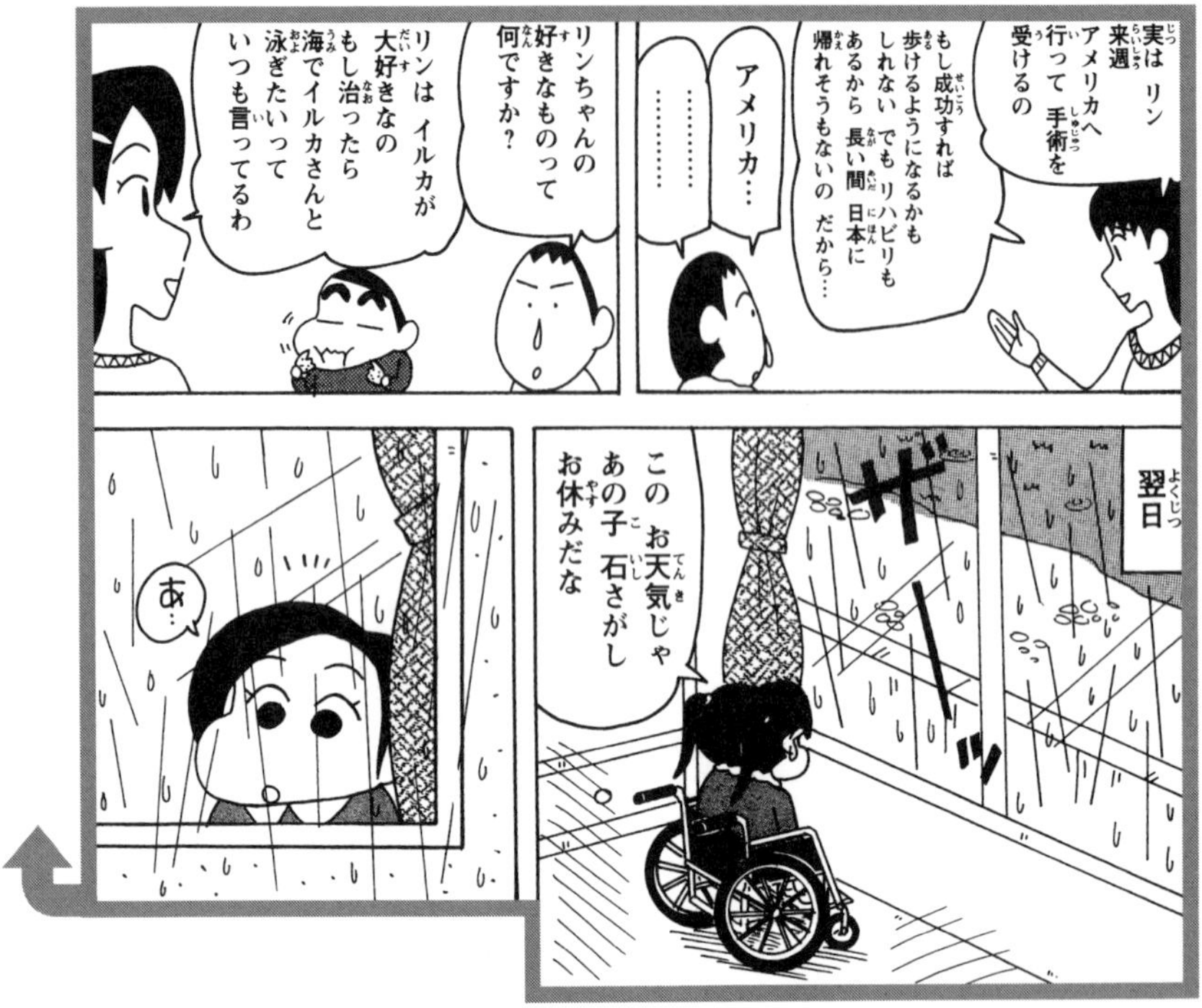

車いすに乗った女の子のために，イルカの形をした石を探します。“奇跡”で女の子が立ち上がるハッピーエンドではなく，治療に旅立つ友達のために石を探す現実的なストーリーであるところが，子どものモデルとしてはふさわしいのです。（AC Vol.50 pp.87-88）

子どものモデルになるシーン

友達の気持ちがわかるぞ

ザーッ
新東京国際空港《しんとうきょうこくさいくうこう》
只今《ただいま》より 10時発《じゅうじはつ》
タウンエアライン
ロサンゼルス行《い》きの
搭乗《とうじょう》を開始《かいし》します
リン
行《い》くよ
お守《まも》り
持《も》った？
うん!!

子どものモデルになるシーン
動物をいたわるぞ

冷え込む夜，飼い犬シロに毛布をかけてあげる，しんちゃん。子どもは，思いやりの気持ちをどう表したらいいかを間接体験できます。それを見て，みさえが喜んでいるシーンも描かれていることで，さらに「これは良いことなのだ」と子どもは確認できます。（AC Vol.27 p.92）

1章

子育てに悩んだら クレヨンしんちゃんを 読みましょう

AC Vol.34 p.16

読み方 1

“おまぬけ”のほうがいいんです。現実的な子育てのモデルが、ここにあります

父ちゃん、母ちゃんにもお手本がいるんだって

この本には、「モデル」という言葉が、よく出てきます。お手本というぐらいの意味です。

子どもは、周囲の大人をモデルにして、振る舞いや言葉を覚えていきますが、一番のモデルはお父さんとお母さんです。

そして、子どもと同じように、お父さん、お母さんにもモデルが必要です。

以前は、女性が母親になるのは本能だと言われていましたが、研究が進み、現在では、女性は学習によって母親になることがわかっています。わかりやすい例で言えば、動物園で人に育てられた動物の多くは、子育てができません。お手本となる母親がいないので、どうやって子育てをすればいいかを学ぶことができないのですね。

人間の場合は、動物と異なり、自分の親だけでなく、ほかの家庭

や育児書、テレビドラマ、映画、小説などの多くのモデルから学びます。意識するしないにかかわらず、誰でも、多くのモデルからいろいろなことを学習しながら父親、母親になるのです。『クレヨンしんちゃん』はギャグマンガだということもありますが、ひろしとみさえは、とても〝おまぬけ〟です。しかし、また父親、母親のとても現実的なモデルともなっているのです。

人間だれしも、寝坊をしますし、家事や仕事ををさぼってぐうたらすることもあります。まさに、ひろしとみさえの姿ですね。とくに母親みさえのドジぶりはなかなかのものですが、じつはそれで、しんちゃんはとても助かっています。「あれをしなさい、これをしなさい」とこと細かくは言うのですが、ぬけているところがあるので、子どもを追い詰めないのです。みさえは、しんちゃんに「お片づけしなさい」とうるさく言いますが、主婦みさえの管轄《かんかつ》である押入れは、ふすまをあけるといつもなかの物が崩れ落ちてきます。もし、みさえが家事も完璧、女性としても完璧な母親だったら、しんちゃんは疲れきってしまうでしょう。

もちろん、わざとみさえのドジぶりを真似することはありませんし、わざと家事の手を抜く必要もありません。ただ、完璧な子育てを目指して子どもの失敗を許さないと、子どもはとても窮屈《きゅうくつ》な生活を強いられることになり、息苦しくて仕方なくなりますから、みさえぐらいおおらかな気持ちで、お子さんに接したほうが良いのです。

オラ、失敗して成長するんだゾ〜

野原家の素晴らしさは、子どもに失敗をさせてくれる家族であることです。そして、ひろしもみさえも子どもの失敗を見守ってくれます。

みさえは、お手伝いをさせた、しんちゃんが、テレビを見ながらおかずを運び、お皿をひっくり返してしまっても、また何度でもお手伝いさせます。ひろしは、洗車を手伝ったしんちゃんがボディに傷をつけると、「ああっ、新車が」となみだ目になりますが、しんちゃんをどなりつけたりはしません。二人とも、子どもが失敗するのは当たり前だという認識があります。

子どもは失敗すると「どうしてかな?」「どうしたらうまくいくだろう?」と考えます。そこで、工夫する力や考える力が育まれるのですね。失敗こそは成長の母なのです。ですから、どんどんと失敗させてくれる野原家は理想的な家族だと言えます。

ところが、昨今は、子どもの失敗を許さない親が多いのです。子どもが新しいことに挑戦する場合でも、最初から「ここはこうやるのよ」とつきっきりで教えて、間違えることを許しません。もし子どもが失敗すると、「なんで、ママの言う通りにできないのっ」と、どなり声が

AC Vol.4 p.19

飛びます。これでは、子どもは萎縮《いしゅく》してしまい、新しいことにチャレンジできなくなります。失敗体験から学ぶことができないばかりでなく、積極性のない何をやるのにも大人の顔をうかがう子になってしまうのです。

私のところへカウンセリングに訪れる母子のほとんどは、お母さんが細かく干渉しすぎて子どもが疲弊《ひへい》してしまっています。

お父さん、お母さんは、ぜひ野原家のおおらかさをモデリングしてください。

読み方 2

男の子の子育てに悩むお母さん。男の子の特徴がよくわかります

オラは男の子だゾ～

しんちゃんは、男の子の特徴をよく表しています。

兄弟がいないお母さんは、男の子の子育てにとまどうこともありますが、『クレヨンしんちゃん』を読めば、「男の子ってこんな感じなのね」とわかり、とても参考になります。マンガを読むことで、男の子の育て方を間接体験できるのです。

女性にとっては、しんちゃんが、お尻やおちんちんを見せるのは、ちょっとショックかもしれません。自分の息子が真似をしたら嫌だと思うでしょう。しかし、現実を見れば、小学生になって、パンツを下げてみんなにお尻を見せる男の子などいません。かりに幼児のうち一時期、真似をしたとしても、すぐに飽《あ》きてしまいます。恥ずかしいし、そんな馬鹿なことは、やらなくなるのです。

しんちゃんに限らず、子どもは何でも真似をします。私は、ここ

20年ほど子育て相談を受けていますが、「お笑い芸人の言葉や、下品な振る舞いを真似するけれど、どうしたらいいですか」というお母さんの質問は、絶えることがありません。

この場合の解決方法は、「放っておくこと」です。

子どもは、お父さんやお母さん、周囲の大人に「お試し行動」をとります。悪い言葉や、下品な振る舞いをして、お父さんやお母さん、先生はどういう反応をするか、試すのです。このときに、「そんなことしては、いけません！」「この前、しないって約束したでしょ！」と反応すると、子どもの行動を強化してしまいます。つまり子どもは、さらに、その行動をとるようになってしまうのです。子どもは親にかまってほしいのです。ですから、その行動をなくしたいと思ったら、反応しないことです。知らん顔をしていればいいのです。「うんこ」と大声で叫んでも相手にされないと、やっても仕方がないので、子どもは自然にやらなくなります。また、もしもお笑い芸人やアニメの真似をしても、子どもの育ちがゆがむことは、まったくありませんから安心してください。

もちろん、ＴＰＯをわきまえることを教えるのは大切です。電車やショッピングセンターなど公共の場所で、ふさわしくない行動をとったら、きちんと言い聞かせなければなりません。叱《しか》るというよりも、親の感情を伝えることが有効です。まじめな顔で、静かな口調で、「そん

な言葉はママは好きじゃないわ」と、それだけを言います。感情的になって、たくさんの言葉で叱っても、効果はありません。また4章でくわしく説明します。

オラみたいに ナンパできる5歳児はいないゾ～

「ほ～い彼女、元気？ 牛乳飲まない？」しんちゃんは、若い女性によく声をかけます。いわゆる、ナンパですね。お母さんは、息子が真似したらどうしようと心配しますが、安心してください。幼児にナンパはできません。ナンパというのは、コミュニケーション能力が高くないとできないもので、幼児にはまだ無理なのです。

小学校低学年ぐらいまでの、○○ちゃんと××ちゃんがチューをしたとか、ラブレターをもらったとかのような話は、子どもの他愛《たあい》もない振る舞いとして、笑って聞いてあげましょう。思春期以降とは違うのです。お母さんが「まあ、なんてこと！ まだ早いわ」と反応すると、子どもは「ママに、こういうことを言ってはいけないんだ」と思い、思春期以降、隠して何も話さなくなります。また、幼児期に、性的な情報を極端に禁止すると、「性はいけないことだ」というゆがんだ意識が強くなり、思春期以降になってから、性に関心をもっている自分を「異

AC Vol.15 p.12

常だ」と思ってしまいます。「そんなの見ると、××事件の人みたいになっちゃうよ」と、話しかける姿を見かけることがありますが、親は教えているつもりでも、子どもの意識はゆがんでいきます。

といっても、幼児のうちから積極的に性教育をしたほうがいいというわけではありません。ただ、子どもが、ラブレターをやりとりしたり、たまたま性的な表現を口にしている場面を目にしても、親が過剰に反応しなければ良いのです。

テレビを見ているときに、性的な場面になってしまうことがありますね。このときも、急にチャンネルを変えたりスイッチを切ったりすると、不自然さから、子どもはかえって興味をかきたてられてしまいます。「ママ、こういうのは恥ずかしくて苦手だわ」と自然に振る舞いましょう。

読み方 3

どうやって"イクメン"になったらいいかわからないお父さん。まずはひろしの家族愛に涙しよう

父ちゃんはいつもオラ達を守ってくれるぞ

映画館の暗闇のなかで、私は『クレヨンしんちゃん』を見て涙を流しました。

「しんのすけ。とーちゃんが人生で一番幸せだと思ったのは、
おまえとひまわりが生まれたときだ」

という、ひろしのセリフに感動したのです。そのほかの場面でも、何度涙したことか。

ひろしは弱いので、一瞬で敵にやられてしまいますが、それでも家族を守ろうと必死になります。この姿に、私も含めて、世のお父さんたちは「オレもちっちゃい存在だけど、絶対家族を守るぞ」と決意を新たにするのです。だから、私は、お母さんたちに、お父さんを〝再生〟させるために、たまには『クレヨンしんちゃん』の映画を見させるといいですよとすすめています。

しかし、レンタルＤＶＤではだめなのです。家で奥さんの前では泣けませんから。子どもを連れて映画館で見るのが正しい。

ひろしファンという人たちが存在していて、インターネット上では、野原ひろしの名言集を見つけることができます。そこから、いくつか拾ってみましょう。

「俺の人生はつまらなくなんかない！　家族がいる幸せを、お前達に分けてやりたいぐらいさ！」

「夢は逃げない。逃げるのはいつも自分だ」

「弱い者ほど相手を許すことができない。許すということは、強さの証《あかし》だ」

さらに、こんな名言もあります。

「『会社で働く』『家族サービス』。両方をやらなくっちゃあならないってのが『父親』のつらいところだな」

足は臭いけど　オラ達は父ちゃんが大好きだぞ

ひろしは、中堅商事会社の係長で、会社では上からたたかれ下から突き上げられる立場です。

AC Vol.35 p.88

幼児をもつ、多くのお父さんと同じような状況なのです。同じような状況であることを、心理学では「ステイタスが同じ」と言います。ステイタスが同じだと、モデルにしやすいのです。

ひろしの良さは、その必死さです。

仕事を一生懸命し、帰宅すると、「もっと子どもの面倒を見てよ」と言われる。「俺だって疲れているんだ」とぼやきながらも、ひろしは逃げません。

学生時代までは、家で一生懸命勉強をすれば学校で良い点をとれてと、家と学校がつながっていました。しかし、結婚をして父親になると、家庭と職場がまったく違う。仕事で一生懸命働いても給料は上がらない、そして家庭では、仕事とはまったく別のことを求められる。「やってられないよ」と思いながらも、風邪で寝込んでいて、みさえや子どもたちがあれこれ心配し看病してくれると、「俺は幸せだな」とジーンと感動する。まさに、世のなかのお父さんの姿です。

こんな彼ですが、「家族は俺が守る」という一貫した姿勢をくずしません。そこはおおいにモデルとしたい部分です。

さらに、ひろしはけっして強圧的ではありませんが、「人とはこうなんだぞ」と根本的なところを子どもたちに示しています。そして細かいところは、みさえにまかせている。これも父親のひとつのモデルです。

AC Vol.4 p.14

子どもの父親参観日に、私が「クレヨンしんちゃんの映画で、弱いひろしが家族のために敵に立ち向かうシーンで泣いてしまいました」と話したら、「私もです」と言うお父さんがたくさんいました。

おそらく、お父さん達が泣くシーンで、お母さん達は泣かないでしょう。このようにお父さんは、お母さんとは違う視点をもっているのが大切で、二人の違う視点で子育てをするのが、子どもにはとても良いことなのです。

読み方 4

『クレヨンしんちゃん』を好きでないお母さん方へのメッセージ

AC Vol.21 p.21

オラを読んだことがないから好きじゃないのかな

私の研究室では、幼児をもつお母さん方に対して『クレヨンしんちゃん』に関する調査を実施しました（5章に論文を掲載しています）。

それによると、実際にはマンガを読んでいない、あるいはアニメを見ていない、お母さんのほうが『クレヨンしんちゃん』にネガティブな意見やイメージをもっていることがわかりました。このマンガの連載は1990年から始まりましたが、当時「5歳の男の子がパンツを脱いで、お尻を見せる」「親を呼びすてにする」などとマスコミで盛んに報道されたので、下品な悪いマンガであるという情報が世のなかに定着してしまい、その風評から「子どもには読ませてはいけない」と判断しているお母さんが多いのではないでしょうか。

しんちゃんが、お尻を見せたり、マンガのなかにウンコのネタがあったりという部分は、子どもらしいととることもできるし、下品ととることもできます。しんちゃんを好きではないお母さんは、マンガそのものを下品だとして、子どもには見せたくないと考えているようです。

しかし、2章で紹介するように、『クレヨンしんちゃん』には、子どもの育ちに良い影響を

与えるシーンがたくさんあります。さらに読み方2でも書いたように、〝下品〟な部分が、子どもの育ちを阻害することはありません。ですから、むしろ、お子さんには読ませてあげたほうがいいですよと、私はお母さん達に言っています。

じっさい、先ほどの調査でも、『クレヨンしんちゃん』を読んだり見たりしているお母さんからは、「友達への思いやりが描かれている」「家族を大切にする気持ちが出てくる」などの良い点がたくさんあげられています（92、124ページコラム参照）。

そして、そのような、お母さんからのコメントのなかに「しんちゃんが良いことも悪いこともしてくれるので、うちの子も、良いことも悪いことも学べるんじゃないかと思います」という意見がありました。これは子育てにおいてとても大切な考え方なのです。

オラはオラがやりたいことをやるゾ〜

今の子育ての典型は、「子どもに失敗させない、苦労をさせない」ことです。そのために、何か与えるときも、親が良い物だけを選んで与えようとします。しかし、これでは子どもは、良い物と悪い物を見て区別し、それらに対応する力が育ちません。

ある大学生の例ですが、彼女は幼少時から母親が与えた物だけを食べ、母親の言うとおり勉強し……と母親の与える生活のなかだけで成長してきたため、ひとり暮らしを始めても自分ひとりでは食事のメニューが決められません。コンビニのお弁当コーナーの前から、母親に電話をして、「こんなお弁当があって、何カロリーで」と報告をすると、電話の向こうから「朝はこれだったから、じゃあ、お昼はカツカレーを食べなさい」と指示されます。おそらく食事の選択はもとより、社会で生きていくために必要な、物ごとの良い悪いを判断する力も育まれていないでしょう。

物ごとの良い悪いを区別し、それにきちんと対応する力を育むためには、小さいころから、さまざまな物を見たり、可能な限り良いことも悪いことも体験したりするのが大切です。言い換えれば、成功だけでなく失敗も体験することです。ですから、お父さん、お母さんの役割は、良い物だけを選りすぐって子どもに与えることではありません。食べ物にたとえれば、美味しい料理だけを与えるのではなく、ちょっと苦い物や辛い物、大人の味を体験させてあげることも必要なのです。

『クレヨンしんちゃん』には、いろいろな要素が、たくさんつまっていますから、お子さんに与えるのにはぴったりなのです。さらに、お母さんも一緒に読んだり見たりしながら、「し

んちゃんて妹を大事にしてえらいわね」「ここは下品ね。ママは好きじゃないわ」のように考えを伝えることで、お子さんは物ごとの良い悪いを判断するモノサシを作っていけるのです。

4章でも説明しますが、幼児期は自分のモノサシを作っていく時期です。そしてそのモデルはお父さん、お母さんです。たくさんのことを体験させながら、お父さん、お母さんの考えを示すことで、少しずつモノサシができていきます。

良い物だけを見ていては良いモノサシはできません。良いモノサシとは、世のなかのいろいろな価値観を測ることができる「寛容なモノサシ」です。自分が良いと思う物だけを測るモノサシでは、あまり生きていくうえで役に立ちません。世のなかには、さまざまな人がいて、さまざまな価値観があり、さまざまな生活があります。それらすべてを測ることができる、つまりそれらの価値をきちんととらえることができるモノサシを子どもの心のなかに作ってあげる必要があるのです。

子どものモノサシが、自分の考えに合わないものを切り捨てていくようになるか、あるいは多くの価値観を受けとれるようになるかは、親の視点で決まります。親が、さまざまな体験をさせ、さらに方針に合わないものは「なぜわが家ではこれがだめなのか」を伝えることで、良いモノサシができていきます。

読み方
5

お友達の親子関係をモデルに

オラのお友達ご紹介するぞ

しんちゃんはアクション幼稚園（アニメではふたば幼稚園）に通っています。「ひまわり組」です。仲良しのお友達は、ネネちゃん、カザマくん、マサオくん、ボーちゃん、あいちゃんですが、とくにネネちゃん、カザマくん、マサオくんは、お母さんもよく登場し、その親子関係がとてもおもしろいのです。

ネネちゃんのママは、〝美人でやさしい、ネネちゃんのママ〟であろうとしているのに、いつもしんちゃんにかき乱されて、うまくいきません。そのストレスを、うさぎのぬいぐるみをボコボコに殴ることで解消しているのですが、いつの間にか、娘のネネちゃんも自分専用のうさぎのぬいぐるみにストレスをぶつけるようになります。ここら辺は、子どもにとって親がモデルであることがよく表されていますね。

カザマくんのママは、息子を「トオルちゃん」と呼び、将来のエリートに育てるべく塾に通わせ、家でもお勉強させています。両親は、息子が名門小学校、名門中学、名門高校、名門大学に進むのが当然だと思っています。カザマくん自身も、幼稚園児にしてすでにエリート然と振る舞っていますが、理解しがたい行動をとるしんちゃんに、いつも振り回されてしまいます。それでも、しんちゃんとは遊んだりケンカをしたり、いつも一緒。バカにしながらも、自由に生きているしんちゃんをちょっとうらやましくも思っているのです。

マサオくんのママは、ごく普通のお母さんです。だから、マサオくんも、ごく普通の男の子。いろいろなことを、うじうじと思い悩み、すぐにへこみます。しかし、現実社会に生きる私たちは、みんな、マサオくんなのです。マンガのなかに、普通のマサオくんがいるからこそ、人から何を言われようとマイペースなしんちゃんが際立って見えるのですね。そして読者は、そのしんちゃんの姿に爽快感《そうかいかん》をおぼえるのです。

野原家を入れて4組の親子は、現実の親子関係を反映しています。もちろん、野原家そのままとか、ネネちゃんの家そっくりの家族が存在すると言うわけではなく、どの家の親子関係もどこか少しずつこの4家族に似ているところがあるのです。

このようなさまざまな親子関係のモデルを読んで、「わが家の関係はどうかな」と客観的に見つめなおすのも良いことです。

理想的でないのがいいらしいゾ〜

　しんちゃんに登場する家族は、みんなどこか抜けていて、完璧ではありません。しんちゃんのストーリーは必ずしもハッピーエンドに終わらないところが現実的で良いのですが、家族もそれぞれ理想的でないところが、モデルとしてはふさわしいのです。モデルというのは間違いのない完璧なものだととらえがちですが、そうではありません。不合理な現実社会のなかで、失敗したり、翻弄《ほんろう》される姿も、また生きていくうえでのモデルとなるのです。

　ポリアンナ症候群と呼ばれている家族病理の状態があります。この名称は、アメリカの小説をもとにしたテレビアニメ『愛少女ポリアンナ物語』の主人公ポリアンナからきています。アニメは30分番組でしたが、毎回ポリアンナは心のねじれた大人達にいじめられます。しかし、必ず最後には、大人たちは純粋な彼女に感化されて、良い人間になりハッピーエンドを迎えるのです。ここから、極端に物ごとの良い面ばかりを見て現実と向き合おうとしない人や家族をポリアンナ症候群と呼ぶようになりました。人間は、ピュアな良い人でなくてはならず、もし

自分のなかにずるい考えや悪い気持ちがあれば、それは自分が良くない存在であるからで、治していかなければならないと考えるのです。しかし、生きていれば、そういうわけには、いきません。現実の世界では、人は欲もあれば、わがままな振る舞いもします。他人の目がなければ、いけないことだとわかっていても、ついつい出来心でやってしまうこともあります。

このような現実の弱い部分を認めず、理想を求める親子関係が、ときには悲劇をもたらすのです。

ある〝完璧な〟家族がありました。父親は有名大学を出て大手企業の重役、母親も有名大学出身でボランティア活動にいそしんでいます。さらに同居の祖母は、お華の先生として世間から尊敬されていました。この家庭には、姉と弟の二人の子どもがあり、姉もまた有名大学に進みました。しかし弟が、非行にはしってしまったのです。彼は言います。

「人間は、きれいなだけではない。欲もあれば、ずるいこともする。そういうことは、あってはいけないし、許されないという、うちの家族は本音をだしていない」と。

AC Vol.13 p.24

ポリアンナ症候群に通じる、現実を認めず、理想ばかり求められる環境で育った彼は、現実社会と上手に向き合うことができず、精神的に荒れてしまったのです。

私はカウンセラーとして、多くの親子に出会います。本音を言うと、もっとも困るのが、このタイプの親です。良き妻であり、良き母であり、良き社会人である完璧な母親が、子どもの失敗を認めず、また許そうとしないケースです。彼女は「なぜわが子は、このように失敗ばかりするのか。なぜ一生懸命に努力を続けないのか。私は自分の親が求めたことを努力して成就してきた。そして有名大学を出て、今の私がある。しかしわが子はサボる、ウソをつく、努力を続けない……許せない。親として見過ごすことはできない」と、子どもを追い詰めていき、子どもの心に問題が生じてしまうのです。しんちゃんの母ちゃん、みさえとは正反対のタイプですね。

このタイプの親は、世間の価値観からすると間違ったことをしているわけではなく、むしろ望ましいとされる生き方です。ですから、いつまでも変われません。子どもの問題は、親が変わらないと解決しないことがほとんどですから、このようなケースは長引くのです。

コラム①

海外で出会う，しんのすけ

研究のため訪れた海外で出会った，しんちゃんです。中国，東南アジアを中心に，さまざまなグッズが売られていて，子どもたちの間で，しんちゃんの人気がとても高いことがわかります。多くは中国製で，中国のパワーを感じます。

※写真のなかには海賊版の商品も含まれております。

c

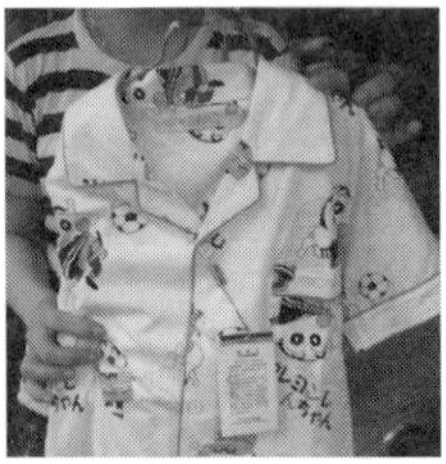

b

a

a インド・ムンバイの大きな鉄道駅近くの路上屋台。b インドネシア・メダンのショッピングモール。c ベトナム・ハノイの市場。●子ども向けの衣類にプリントされているのは，人気キャラクターの証拠です。

d

g

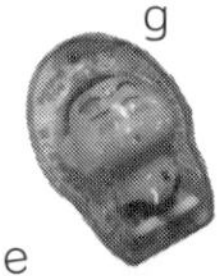

h

e

f

d モンゴル・ウランバートルの市場。e ロシア・ユジノサハリンスクの市場。f 韓国・ソウルのコンビニ。g 中国・上海の市場。h 中国・アモイの観光地。●哺乳瓶やサンダルにも使われています。

i

ｉラオス・ビエンチャンの市場。ｊ中国・瀋陽の遊園地。ｋタイ・アユタヤの市場。ｌマレーシア・クアラルンプルの市場。ｍ中国・広州の市場。ｎラオス・ルアンパバーンの市場。

j

k

l

m

n

o

r

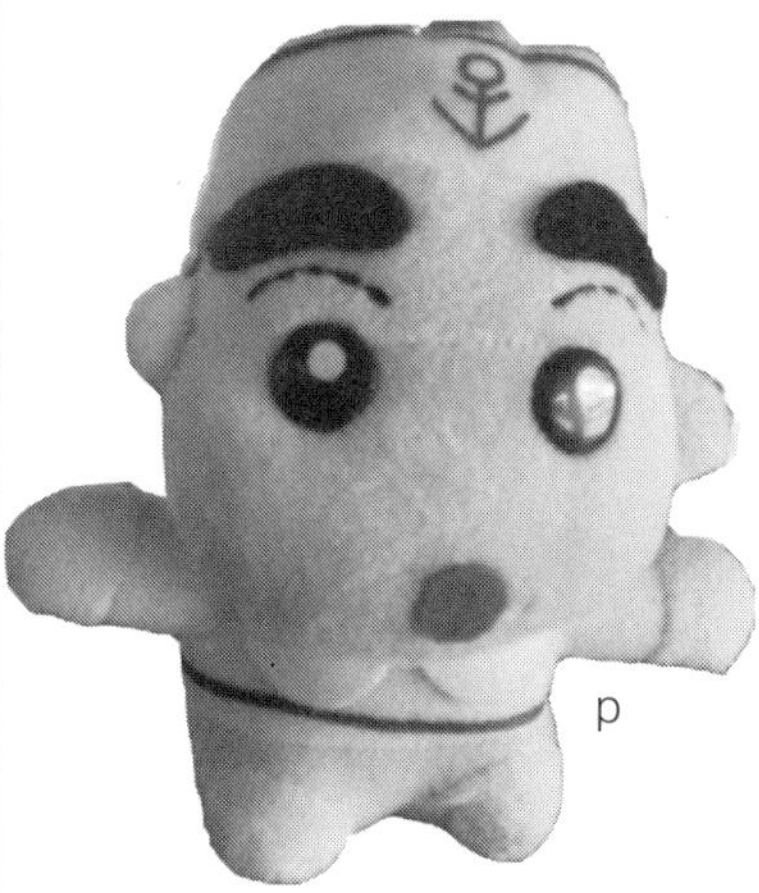

p

q

ｏ台湾・台北の市場。ｐラオス・ルアンパバーンの市場。ｑエジプト・カイロの商店。ｒ中国・天津の観光地。●最後のｒは，あめ細工です。人形には，さまざまな表情があって見あきません。

s 

s 中国・杭州の市場。●陶器の人形です。t 中国・天津の観光地。u 中国・北京の市場。v 中国・青島の市場●ハンコです。w 中国・大連の市場。x ベトナム・ホーチミンの市場。

u 

v 

t 

y シンガポールの書店。●中国語のタイトルです。z 台湾・台北の書店。zz シンガポールのチャンギ国際空港の免税店。

x 

w 

y 

z 

zz

2章

クレヨンしんちゃんは子どもの良いモデルになります

AC Vol.50 p.92

読み方 6

人間愛と思いやりに満ちあふれたストーリー

思いやりってなに〜? 重いヤリ?

子どもは、モデルからさまざまなことを学んでいきますが、思いやりもそのひとつです。大人はしばしば「思いやりをもちなさい」とさとしますが、子どもは漠然《ばくぜん》と「思いやり」と言われてもわかりません。もっと具体的に示すことが必要です。

思いやりとは、具体的には次のようなことです。

① どういう場面で人は困るのかがわかる
② どういう手助けをしてあげたらいいのかがわかる
③ 手助けされた人がどういう気持ちになり、その後どのような行動をとるのかがわかる

このような具体的な行動のモデルを見て、真似することで、子どもは「思いやり」を身につけていくのです。

たとえば、序章で、シルバーカーを押しているおばあさんを、し

んちゃんが助けるシーンを紹介しました（18ページ）。

このシーンを読んだ子どもは、

①階段ではシルバーカーを使っているお年よりが困ることがわかる

②シルバーカーは、どうやって手助けしたらいいかがわかる

③手助けしてもらった、お年よりはとても喜んで、お礼を言うことがわかる

と、具体的な思いやりのモデルを間接体験することができます。

『クレヨンしんちゃん』には、車いすの女の子や、目の見えない人が登場し、しんちゃんやお友達が現実的な手助けをするシーンが多く出てきますが、これはマンガではめずらしいことです。さらに『クレヨンしんちゃん』では、障害のある人が主要人物として登場するのではなく、街の中をふつうに移動している様子がさりげなく盛り込まれていて、とても現実的です。

いま、そしてこれからの将来、私達は「共生社会」を生きていきます。外国人も、お年よりも、障害のある人も、みな同じ社会の構成員として暮らしていく社会です。私の勤めている筑波大学の大学院には「共生教育学」という学問分野があり、共生社会のあり方を学んでいる人達がいます。そして『クレヨンしんちゃん』には、障害のある人やお年よりのほかにも、外国人、さまざまな職業の人、また、しんちゃんの仲良しだけでなく、ライバルやいじめっ子も登

場します。マンガを読めば、このような多様な人達と、どう付き合い、どう助け合えばいいのかを、知らず知らずのうちにモデリングできます。『クレヨンしんちゃん』は、まさに共生社会にふさわしい作品だと言えるでしょう。

オラも『クレヨンしんちゃん』読まなくちゃ

このように、思いやりを身につけるためには、具体的な行動のモデルが必要です。また、マナーを守ること、お手伝いをすることなどの行動も、子どもはモデルから学んでいきます。

しんちゃんには、たくさんのお友達がいますから、ケンカをしたり仲直りをしたり、お友達を助けたりという具体的なシーンがたくさん出てきます。読み方23でも説明しますが、子どもは良いケンカをすることで成長できます。しんちゃんの主要登場人物はケンカをしてもみな仲直りをします。意見や感情をお互いにぶつけあうことで、かえって相互理解が深まる良いケンカのモデルが多いのです。

さらに、幼稚園には、チーターというライバル的な子どももいます。このような関係の友達とどのようにかかわったらいいかも自然に間接体験できます。

家族のシーンが多いことも『クレヨンしんちゃん』が、子どものモデルに適している理由のひとつです。しんちゃんは、やんちゃでマイペースですが、お母さんやひまわりを思いやる行動をよくとります。そして、ひろしとみさえがいたわり合うシーンが多いことも特長です。

現実の家族では、ご両親は子どもの前では照れてしまって、なかなかスキンシップやいたわりの行動を見せることはありませんね。ひろしとみさえは、派手なケンカもしますが、いざという時には協力し家族を守ります。ひろしは、昔の父親のように強権的ではなく、どちらかといえば情けないところが多いのですが、風邪をひいて寝込んでいると、みさえや子ども達が布団のまわりに集まって「父ちゃん、早く元気になって」とはげまします。読者である子ども達が「こんな家族、いいなあ」と思える野原家なのです。

さらに家族の一員に飼い犬シロがいます。しんちゃんは、エサやりや散歩をさぼって、いつもみさえに怒られていますが、序章で紹介したように、寒い夜には毛布をかけてあげる思いやりをもっています。そのほかにも、動物を思いやるシーンがたくさんあります。

このように『クレヨンしんちゃん』は、子どものモデルの宝庫です。この章ではそのうちからいくつか抜き出して紹介します。もちろん、このほかにも素晴らしいシーンがたくさんあります。ぜひ、お父さん、お母さん自身が『クレヨンしんちゃん』を読んで、見つけてください。

読み方 7

困っている人を助けるぞ

困っている人を助けるぞ①

またずれ荘で，３人のカゼ患者発生！　みさえとしんちゃんは，みんなの看病をします。氷まくらを作り，おかゆを食べさせてと，具体的な行動が描かれています。そして，みさえが寝込むと今度はみんなが助けてくれる。相互扶助のあたたかい気持ちが伝わります。（AC Vol.32 pp.60-61）

よし!! こうなったら まとめて 看病《かんびょう》しよう じゃないの!!
オラたち かすかべ かんびょう隊《たい》!!
いや ウルトラ かんびょう隊《たい》 のが いいかな…
なんでも いーから この おかゆ 優《ゆう》ちゃんとこ 持ってって
ママは大家さんとこで氷マクラかりてくる
おまたせ
ありがとう
ゴボゴボ
オラ たべさせて あげる
ふ〜〜っ ふ〜〜っ
ふ――っ ふ――っ
ふ――――っ!!
やっぱ 自分《じぶん》で 食《た》べる
あ そ
大家《おおや》さんが イヤイヤ 氷《こおり》マクラ 貸《か》して くれたわよ
イヤイヤ かい…
あとで おかゆ もってくるね
スーザン おかゆ できたよ
うおおーん!! うれしいわ スーザン感激《かんげき》!!
はふはふ おいひいわ がつがつ
ブホッ ゲホッ ゴホゴホ ふおっほん ちくしょい
げ! 元気そうね
看病《かんびょう》の甲斐《かい》あって翌日《よくじつ》 元気《げんき》になった 3人《にん》であった が…
カゼひいて 熱《ねつ》出《で》たん ですって!?
おかゆ 作《つく》ったわ!!
氷《こおり》マクラ 用意《ようい》しました!!
ガンバレ みさえさん!! 早《はや》くよく なって 下《くだ》さいね!!
うがい してたのに カゼひい ちゃったね
子供《こども》たちの めんどうは 私《わたし》にまかせて 安静《あんせい》にして 下《くだ》さいね!!
わいわい がやがや
よッ ジュリア ロバーツ
あ! でも ニてないな
ふ――っ ふ――っ はい あーん
ああ… うっとおしい…
3人《にん》のが伝染《うつ》った

困っている人を助けるぞ②

カザマくんが，街で会った目の見えない人の手助けをしています。「話かけて，手をひいて，別れる」という，手助けの方法がさりげなく描かれています。障害のある人への援助のしかたは大人でもわからないことが多く，貴重なモデルです。（AC Vol.15 p.19）

困っている人を助けるぞ③

ザー
マジかよ？
雨具《あまぐ》
持《も》ってきてねぇよ
ザー
あ〜あ ガキには
おちょくられ
ドライバーには
どなられ
おまけに雨《あめ》だよ
もやめっかな
この仕事《しごと》…
ちょんちょん
えっ?!
ほい
じゃ
お…
おい…
ザーーッ
工事中
よっしゃ!!
がんばるか!!
工事中

道路工事の若い警備員が，災難続きでおまけに雨に降られます。雨に気づいてカサを届ける，しんちゃん。読者の子どもは，「雨が降って困っている人がいたら，カサを貸してあげる」ことがで喜んでもらえることがわかります。（AC Vol.36 p.88）

困っている人を助けるぞ④

妖精（？）を助けた，しんちゃんは，さわっただけでこわれたモノがなおる軍手をもらいます。ただし，効力は４回。そのうち３回を不本意ながら人助けに使ってしまい，残り1回は自分のために使おうとしますが，病気のおじいさんに出会ってしまいます。迷いながらも，おじいさんの病気を治してあげる，しんちゃん。自分の力を，困っている人を助けることに使うというモデルが示されています。（AC Vol.34 pp.92-95）

ボクは もうすぐ死《し》ぬかもしれない
お父《とう》さん!! 何《なに》弱気《よわき》なこと言《い》ってるの!!
いや ボクの病気《びょうき》は もう 治《なお》らないよ もう あきらめた…
でも死《し》ぬ前《まえ》に きれいな紅葉《こうよう》を もう一度《いちど》見《み》たいなぁ
かすかべ山《やま》は 低《ひく》いから きれいな紅葉《こうよう》に ならないものねぇ…
しくしく
あの おじいちゃんが 死《し》ぬなんて イヤッ
めそめそ
ボクだって…
人間《にんげん》の寿命《じゅみょう》だから しかたのない事《こと》
ボーちゃんの 言《い》うとおりだよ つらいけど…
……
オラ おじいちゃんに きれいな紅葉《こうよう》を 見《み》せる!!
うん そうだよ!! ボクらの できることを してあげようよ!!
おーーっ!!
でも 紅葉《こうよう》って なに?

病気のおじいさんと仲良くなった，しんちゃん達。おじいさんが，「きれいな紅葉を見たい」と願うのを聞いて，なんとか山を紅葉させようと考えます。自分達の力で，物ごとをやろうとする姿勢，協力者に助けを求めること，など具体的なモデルが示されています。（AC Vol.35 pp.44-46）

困っている人を助けるぞ⑥

『クレヨンしんちゃん』最終巻最終話。「困っている人を助ける」がテーマでした。
(AC Vol.50 p.116)

読み方 **8**

友達の気持ちがわかるぞ

友達の気持ちがわかるぞ①

幼稚園の潮干狩り。貝があまりとれずに悲しむネネちゃんに，自分のぶんをあげる，しんちゃん。貝がとれなかったら「悲しい」んだということを感じられます。（AC Vol.4 p.103）

いじめっ子から逃げるのではなく，うまくかわす，しんちゃん。世のなかには，うまくいくことも，いかないこともあるのだという現実が描かれています。(AC Vol.3 p.103)

友達の気持ちがわかるぞ③

かけっこで，ころんだマサオくんといっしょに走るしんちゃん達。友達への思いやりの具体的な例が描かれています。（AC Vol.14 p.49）

友達の気持ちがわかるぞ④

お金をなくしたマサオくんに100円を渡す，しんちゃん。しかし，本当は「困ったな」と思っています。良いことをしても困ることもあるという，世のなかの矛盾がさりげなく描かれています。マンガの最後には，みさえに真実が伝わります。（AC Vol.19 p.21）

友達の気持ちがわかるぞ⑤

不良高校生，かすかべ紅さそり隊のリーダーは，ケンカ相手の母親が入院したことを知ると，アルバイトをしてお見舞いを渡します。ここにも「自分の力でなんとかする」モデルが示されています。(AC Vol.19 p.87)

できた!!
さあ
始《はじ》めよう!!
はっけ
よい!!
おまえも
ここへ来《き》て
ガンバるん
だよ!!
ガンバレ
ガンバレ
風間《かざま》くん
ぬぎ
なに
やってんだよ…
まわし
ねじこみ
ねじこみ
よじり
よじり
はいはい
わかったわかった
でも服《ふく》は
着《き》てくれ
風間《かざま》くんの
いくじなし
何《なに》
言《い》ってんだよ
おまえは…
はっけ
よい
のこった!!
ああ
やがて塾《じゅく》の時間《じかん》が…
じゃ
バイバ～イ
あ～あ
汚《よご》れ
ちゃった
やらな
きゃ
よかっ
たァ…
てなこと
言《い》ってるわりには…
ふふ♪

友達の気持ちがわかるぞ⑦

ケンカの仲直りをする，しんちゃんとカザマくん。「仲直りをして，もっと仲良くなる」良いケンカのモデルが描かれています。（AC Vol.43 p.74）

（右）すもうをとる，しんちゃんとカザマくん。テレビの大相撲しか知らない子どもは，「自分も友達とやってみよう」と，世界を広げることができます。（AC Vol.12 p.103）

友達の気持ちがわかるぞ⑧

ボーちゃんのトレードマークである鼻水が止まってしまいます。悲観して早まった行動をとるのではないかと心配する，しんちゃん達。「いろいろな子がいて，いいんだな」「みんな，いっしょだと楽しいんだな」ということが伝わります。（AC Vol.30 p.86）

読み方
9

家族はみんな仲良しだぞ

家族はみんな仲良しだぞ①

妹ひまわりと，お風呂に入るしんちゃん。弟妹の面倒をどうみたらいいか，具体的にわかります。(AC Vol.17 p.35)

営業《えいぎょう》 二課《にか》
すみません 野原《のはら》に 届《とど》け物《もの》 なんですが
あ 係長《かかりちょう》の…
古女房《ふるにょうぼう》です
おだまり!!
どこで おぼえて くんの そんな言葉
野原《のはら》係長《かかりちょう》ー!! 係長《かかりちょう》の古女《ふるにょう》ぼ… いや奥《おく》さまが
おうすまん すまん 助《たす》かった〜
もうすぐで 昼《ひる》メシだ いっしょに食《く》おう ちょっと 応接室《おうせつしつ》で 待《ま》ってて
野原《のはら》くん こちらの 美人《びじん》は どなたかね?
妻《つま》です
いつも主人《しゅじん》が お世話《せわ》に なってますう
父《とう》ちゃん このえらそうな人《ひと》は どなたかね?
あわわわ
課長《かちょう》の おじさんだ ワハハハハ
いつも おせわ してます
なって ます!!
ああ〜 出世《しゅっせ》が〜
応接室
パパ いっしょうけんめい お仕事《しごと》してるね
うん 父《とう》ちゃん かっこいい
はい ムダ使《づか》い しないでね
え!? 2万円《まんえん》も……
よかったな 父《とう》ちゃん

家族はみんな仲良しだぞ③

（上）朝から，しんちゃんのおかげで，さんざんな目に遭ったひろし。お昼に愛妻弁当を開けると，みさえと，しんちゃんからの愛情のこもったメッセージが。家族の絆が描かれています。（AC Vol.16 p.23）

（右）ひろしは，臨時おこづかいの支給を訴えますが，みさえは却下します。しかし翌日，会社に忘れ物を届け，働くひろしの姿を見て，そっとおこづかいを渡します。夫を思いやる妻の気持ちがさりげなく伝わります。（AC Vol.4 p.26）

カサを持って，みさえのお迎えに行く，しんちゃん。みさえが，とても喜んでいるので，読者である子どもは，カサを持って行くのは良いことだと，より理解できます。（AC Vol.12 p.61）

家族はみんな仲良しだぞ⑤

みさえの肩をたたく，しんちゃん。肩をたたくと，お母さんが喜ぶのだと，子どもはわかります。（AC Vol.25 p.92）

家族はみんな仲良しだぞ⑥

お手伝いをする，しんちゃん。お手伝いって何をするのかが具体的に，わかります。（AC Vol.23 p.43）

みさえのお腹のなかにいる妹に絵本を読んであげる，しんちゃん。「妹を思いやる」ことの具体的なモデルです。（AC Vol.5 p.55）

家族はみんな仲良しだぞ⑧

ひろしと風呂に入る，しんちゃん。あたたかい家族の日常が描かれています。（AC Vol.2 p.20）

ひまわり
ひまわり〜っ
心配《しんぱい》するな こんなことも あろうかとひまわりの オムツに電波《でんぱ》発信機《はっしんき》を セットしておいた!!
オレがひきつけてる スキに窓《まど》ぎわの ロン毛《げ》の男《おとこ》を うしろからなぐって ひまをうばえ
父《とう》ちゃん ワルだな
ワルは あいつらだ
オレの娘《むすめ》を 返《かえ》してもらおうか
ほほう よくここが わかったな
のこのこ 現《あら》われ やがって ぶっとば してやる
待《ま》てーっ
今《いま》だ!!
くるっ
キャ かっこいい〜♡ なぐれない〜
何《なに》やってん だよ
ごめーん

ひまわりが誘拐され，野原一家は救出に向います。
どんな黄金よりも，ひまわりを選ぶ野原一家。家族の大切さが描かれています。（AC Vol.24 pp.29-31）

家族はみんな仲良しだぞ⑩

ひまわりの面倒を見る，しんちゃん。おむつを替える，飲み物を飲ませるなど，具体的なやり方が，わかります。（AC Vol.50 pp.19-20）

家族はみんな仲良しだぞ⑪

ひまわりの子守をする，しんちゃん。赤ちゃんが泣くと，歩いてあやしたり，ミルクをあげたりと，具体的な行動が描かれています。（AC Vol.18 p.57）

読み方 10

動物をいたわるぞ

動物をいたわるぞ①

ひよこ屋さんが忘れていった一羽のひよこを，家に連れて帰る，しんちゃん。ひよこは，エサや水を食べないと生きていけないので世話が必要なこと，などがわかります。(AC Vol.6 p.106)

(上) カエルを助ける，しんちゃん。大人は日常生活のなかで，小さな生き物の危険に気づかないことも多いですね。しんちゃんは，子どもにも，ご両親にも良いモデルです。(AC Vol.34 p.8)

(左) カエルとりをしてリリースする，しんちゃんとボーちゃん。自然の生き物とのつきあい方がわかります。(AC Vol.28 p.84)

動物をいたわるぞ③

あー
パチ パチ
ふわ
ゲコォーーン
なよ
ふわ
わーい つかまえたー
ちょっと 不気味《ぶきみ》だけど うまいうまい
パチ パチ
……
じた ばた
なんか かわいそ おうちに カエルが いい
ピョン
しんちゃん やさしい ボクも そうする
ボーちゃんも やさしー
カエルつかまえてよぉ 花火《はなび》くわえさせて いじめようぜ
あと ケツの穴《あな》に ストローさして ふくらましちゃ おうぜ
ガサ
ゲコ
いたいた でかそうだな
ゲコ ピョ〜ン
ばっ
うわぁーっ!! てか すぎだーっ!!
びくっ
しかもケツが われてるぅ〜 気《き》持ちわりぃ〜
カエルを いじめちゃ ダメ ダメ〜〜〜
ゲロ ゲーロ
ひいい〜っ たたりだ〜
ゴメン なさ〜い
ピョン
ピョン
ゲロ ゲコ ケロ ケロ ゲコ
じゃ かえる

次の日《つぎひ》
ごはんだぞ
あれ? もうひとつの おさらは?
ま 別《べつ》に いいけど
シロ
お?
キャン
ほほう
!!
アーン♥
ばっ
キャッ
あっ
やべえ 犬《いぬ》ひいちゃった
逃《に》げちゃえ 逃《に》げちゃえ
この おバカ!! スピード出《だ》しすぎ だぞ 犬《いぬ》にあやまれ
バオオオ…
シロ…
その夜《よる》
今夜《こんや》は オラの ふとんで ねるか?
くーーん

動物をいたわるぞ⑤

寒いとかわいそうだからと，シロをこたつに入れるしんちゃん。しかし，やりすぎの場合は，みさえに叱られます。（AC Vol.3 p.114）

（右）しんちゃんにとって，シロは家族です。シロが悲しんでいるとき，どうやってなぐさめたら良いのかが描かれています。（AC Vol.20 p.63）

（次ページ）動物園から逃げ出したサルが野原家に迷い込みます。みんなが恐れるなか，サルにお菓子をあげて“意気投合する”しんちゃん。「偏見なく，まず付き合ってみる」行動が描かれています。（AC Vol.12 p.21）

110番《ばん》したみさえ
もしもし ウチにサルが います!! すぐ来《き》て 下《くだ》さい 住所《じゅうしょ》は…
負《ま》ける もんか
負《ま》ける もんか
おサルごっこの 衣装《いしょう》
対抗《たいこう》 せんて いい!!
とにかく 家《いえ》の中《なか》は キケンよ 外《そと》に出《で》よう
おかし 持《も》ってくー
ばっ
わーっ がーっ
死んだふり
キーッ キーッ
おお 食《た》べたい のか
せんべ
ほい
近《ちか》ごろ 動物園《どうぶつえん》の 景気《けいき》は どう?
キーッ キキー
ポリ ポリ ポリ
サルと 意気投合《いきとうごう》 するなよ
ここに いたぞ
どか どか どか
捕獲班
びくっ
ギャーッ ギャーッ
おサルさんを いじめるな!! おサルさんは いい人《ひと》なんだぞ
しんちゃん ……
ブオ～～
今度《こんど》 動物園《どうぶつえん》へ 会《あ》いに 行《い》こうね

読み方
11

おまけだゾ〜

マナーを守るぞ①

犬の散歩では，糞は持ち帰るのがマナーです。ひと言のセリフもなく，それを伝えています。（AC Vol.14 p.53）

マナーを守るぞ②

電車のなかでは，足を広げないのがマナーです。しんちゃんの行動によって，若い男性が広げていた足をとじ，周囲の人が喜んでいることで，「マナーを守るのは良いことだ」と，さりげなく伝えています。（AC Vol.43 p.64）

（左）読み方15でも紹介するように，『クレヨンしんちゃん』50巻のなかで，ゆいいつ亡くなるのが，まつざか先生の恋人徳郎さんです。まつざか先生の悲しみが何ページにもわたって描かれ，子どもたちは，愛する人を失えばどれだけ辛いのかを学ぶことができます。（AC Vol.47 p.105）

番外編●まつざか先生の悲しみ

恋人《こいびと》の徳郎《とくろう》が死《し》んで しばらくは 気丈《きじょう》に ふるまっていた まつざか梅《うめ》だが さびしさを 酒《さけ》で まぎらす日々《ひび》だった
おええ くくくっ
ハアハア… 苦《くる》しいよう
さびしいよぉ 徳郎《とくろう》さん…
まつざか先生《せんせい》は 恋人《こいびと》の突然《とつぜん》の死《し》に たえきれず つい 飲酒《いんしゅ》してしまったんです けしてアルコール依存症《いぞんしょう》などでは…
でも もう 立《た》ち直《なお》りました!! ですから もう一度《いちど》チャンスを 与《あた》えては いただけないで しょうか!!
断固《だんこ》 きびしい処分《しょぶん》を すべきだわ!!
クビよ クビ!!
ヤーの ヤーの
あ ムササビ!!
そう 私《わたし》は ムササビ!! ウデうらの たるみで 宙《ちゅう》をまう バサーッ!!
大関《おおぜき》さん のせられてる のせられてる
何《なに》してんの しんのすけ
ばっ
ぞろ ぞろ
なんなの 君《きみ》たち…
まつざか 先生《せんせい》 大好《だいす》き♡
まつざか 先生《せんせい》を やめさせるな
新垣結衣《あらがきゆい》 ちゃんに 会《あ》いたい♡

コラム②ママからのメッセージ

しんのすけ LOVE ♥

幼稚園の講演会で行ったアンケート調査（2009 年 5 月～ 7 月）のなかで，「しんちゃんの良いところ」をあげてもらいました。（協力者：女性 475 名，男性 23 名）多数のお母さんが，調査に協力してくれました。

困っている人を助ける等、子どもだけで考え行動している。それが正しいか正しくないかは別として……。

困っている人を自分たちなりに一生懸命助けようとしているところ。

やさしい心をもっている点、悪いことがきちんとわかり、それをはっきり言える点。

妹にやさしかったり、友達と楽しく仲良く過ごしているところ。

しんちゃんてやさしいね。

シロの散歩や家の手伝いをきちんとしている。友達や妹、シロなどのまわりに対して、思いやりの気持ちをしんちゃんがもっているところ。

お手伝いもよくしてますね。

前に洗濯ものの洗い方干し方、たたみ方の話をやっていて、その通りにお手伝いしてくれたことがあります。映画でも、家族が誘拐された時など、お互いに助けに行ったり、飼い犬のシロも家族として大切にしているところを見ていると子どもも大人も感動できると思う。

小さなことでも親子の会話があり、お互いに相手の心配をしているところ。

人間関係があたたかいですね。

人間関係、人に対するやさしさや思いやりの部分が時々出てくるのですが普段のしんのすけからすると、そういうシーンはギャップがあるのでとても印象に残ります。子ども達にもそういう心を気持ちのどこかにとどめておいてくれたらと思います。

お年よりに対する態度など。挨拶を近所や友達にもしているところ。

大人をからかったり、ふざけたりはするが、基本的な人としてのやさしさや、かしこさをもち合わせていると思う。

しんのすけは口では親を呼びすてにしたり、からかったりするけど、親への愛情が見え隠れしているなあと思うところ。

家族の大切さ！　友達の大切さ！　普段は誰よりもふざけているのにここ一番で何が大事かわかるところ。良いことと悪いことをわかっている。悪いことをさそわれても断る強さ。

家族や友達、愛犬を思いやる気持ち。大切な人を守る気持ち、人から守られるということ。最後まであきらめない心。

親、きょうだい、友達を大切にすること、助けること、助けてもらえること、かならず最後は、家族、団らんとなる。

歴史も学べるとは、ビックリ。

歴史的な場面のところ。（つい最近クレヨンしんちゃんの映画の宣伝を見てこういうのもあるんだ、と驚きました）観てみたいと思った。

しんちゃんの子どもらしさに◎

お買い得や割り引き、特典など、お金を無駄にしない、お金の大切さが伝わる。春眠暁を覚えずなど季節に応じたたとえがあり、興味をもって覚えてしまう。お友達を勇気づけたり、目標に向かって努力するところ。親のありがたさ、家族の大切さ、思いやりが垣間見れる。

お金の大切さが伝わります。

子どもらしく、何にでも興味をもって思ったことを実行する行動力。自分の子どもにも少しはそうあってほしいと思うことがあるので。

子どもらしさ。何でも遠慮せず。子どもはこうあるべきですよね。

子どもにもたいへんなことがあり、大人にも仕事や家事・育児などたいへんなことがあるが、お互いに素直に気持ちを伝え助け合える。

しんちゃんには子どもらしい無邪気さと大人びた部分があり、たとえば大人をからかうような言葉でも本当に言ってはいけないこと、傷つけてはいけないことは理解していると思うので、そういう部分は学ばせたい。

友達がみんな信頼し合えている。それぞれの個性を出しきれている。そしてそれをお互い認め合っている。

親も失敗することはあるんだネ！　と言っていました。少し変わった子とでも偏見をもたずに遊ぶ。友達が困っていたらみんなで助ける。

一言でいえば、子どもらしい行動だと思います。少し大人ぶってみたり、素直に人に優しくできるし、時には命の大切さも教えてもらったり、真面目なしんちゃんの顔になる時は、いつも学ぶことがあると思います。

3章

クレヨンしんちゃんは子どもの育ちに良い影響があります

AC Vol.35 p.73

読み方
12

マンガを読む子は読解力が高まります

オラを読めば、どっかい浴（読解力です）がつくゾ～

3年に一度、国際学力テスト（学習到達度調査・PISA）[*1]の結果が発表されるとニュースで大々的に報道されます。調査科目は、読解力と数学的リテラシー（活用力）と科学的リテラシー（活用力）ですが、調査開始以来低迷していた日本の読解力が、２００９年の調査ではやや改善しました（２０００年8位、２００３年14位、２００６年15位、２００９年8位）。

この10年間に読解力が低迷した理由のひとつは、子どもたちがゲームに時間をとられ、マンガを読まなくなったことです。

マンガは、コマとコマの間に省略があって、子どもはそこを推測し、補いながら読み進めます。登場人物は、感情や理由があって次の行動に入り、ストーリーが展開されますが、その気持ちを読みとる力が養われるのです。「マサオくんが泣いている。今、どんな気

AC Vol.15 p.71

持ちなんだろう」と自然に考えているのですね。この読みとる力が、読解力です。登場人物の気持ちやストーリーの展開を理解し、これからの展開を推測することは読解力であり、国語の学力そのものです。

最後に必ず必殺技を使ってハッピーエンドに終わるワンパタンのマンガよりは、しんちゃんやドラえもんのように、毎回お話が異なるストーリーマンガのほうが、読解力を養うという点では効果的です。〝先がよめない〟ほうが、「この子は泣いてるぞ。この先どうなるのかな」と、考えながら進めるからです。

＊1：経済協力開発機構（OECD）が，世界の15歳男女に行っている学力調査。2009年発表の調査では，65の国と地域が参加。読解力以外の科目の日本の順位は以下の通り。数学― 2000年1位，2003年6位，2006年10位，2009年9位。科学―2000年2位，2003年2位，2006年6位，2009年5位。

このように幼児のうちからマンガを読んでいれば、読解力がつき、さらにこの読解力は将来的には国語の学力につながります。そして国語ができれば、ほかの教科もできるようになります。

小学校では成績の8割は国語力で決まると言われています。なぜなら国語の力は、教科書や参考書を理解したり、各教科の課題を考える力につながるからです。授業の内容を理解し、どうしてこうなるんだろうと思考する力は、どの科目でも必要です。ですから、国語ができる子はほかの科目でも良い点をとることができます。

このように国語力、そしてそのもととなる読解力は、とても重要なのです。

漢字が読めていい感じ

それから、マンガには漢字がふつうに使われていますが、これも子どものためにはたいへん良いのです。

「マンガは漢字があるけど、ルビがふってあるから、子どもも読めるのよね」

と思っている親御さんが多いのですが、じつは、幼児にとってはかなよりも漢字のほうが覚えやすいのです。これまでの研究で、子どもは、ひらがなよりも漢字のほうが学習しやすいことがわかっています。小学校低学年で習う漢字は、ひらがなに比べて画数が多く、絵文字から発展した象形文字が多いので、子どもにとって識別する手がかりが多いのですね。かえって、ぐにゃぐにゃしたひらがなやカタカナのほうが、とっかかりが少なく覚えにくいのです。子どもに漢字は難しすぎると思うことはありません。これはあくまで、「読む」ことに関してであり、「書く」ことは別ですが。

たとえば、街を歩いていると、銀行の看板がたくさんあります。子どもが「銀行」という文字をどこかで習ったならば、街のなかで何度も読む機会があるわけです。漢字の読みの学習には反復が重要ですから、目にすることが多い「銀行」は自然に確実に読めるようになります。しかし、ひらがなで「ぎんこう」と読めても、生活のなかで反復して読む練習をする機会が少ないので定着しにくいのです。

さらに子どもの文字の認識でおもしろいのは、銀と行を別々に覚えるのではないということです。子どもは「銀行」という連《つら》なりをひとつのパタンとして覚えているのです。

このように子どもは、漢字をどんどん覚えることができます。ですから、漢字が使われているマンガを読めば、それだけ、読める漢字を増やす機会が増えることになるのです。

読み方 13

子どもの育ちに 良いマンガ，悪いマンガ

子どもには良いモデルが必要だぞ

子どもは、自分をとりまく環境から、さまざまなことを学んでいきます。一番のモデルはお父さんとお母さんですが、マンガもそのひとつです。その意味から、小学校低学年ぐらいまでは、子どもに良いモデルとなるような作品を読ませることが望ましいのです。さらに、主人公が子どもにとってステイタスが同じだと親近感を抱きやすく、モデルとしての効果も高くなります。

この点で、『クレヨンしんちゃん』はとても優れています。それは主人公のしんちゃんが現実的であるからです。たとえば、ほかの人気マンガと比べてみましょう。

『ドラえもん』の主人公のび太は、とてもやさしい子ですが、困ったことがあるとドラえもんに頼ります。困難から逃げてしまうところがあるのです。また、とくに3歳ぐらいの子どもにたいへん

人気がある『アンパンマン』は、正義感が強く悪者に立ち向かうところが素晴らしいですが、現実の社会は、それだけではうまくいきません。もちろん、やさしさや正義感は大切なもので、子どもは学ぶ必要があります。

この2作品も良いマンガですが、『クレヨンしんちゃん』がさらに素晴らしいのは、現実が描かれている点です。困難から逃げず、自分でなんとかしようとします。結果は、偶然に助けられたり、またうまくいかないこともありますが、現実とはそういうものです。しばしば正義的な振る舞いもしますが、だれもそれに気づかないこともあります。このようなリアルな社会的現実を、重苦しくならず、コミカルに描いているマンガは、そう多くありません。

「クレヨンしんちゃんは、悪いマンガだ」との風評によって、しんちゃんは反モラルな主人公であるかのような誤解があるかもしれませんが、まったくそんなことはありません。しんちゃんを含めて登場人物はすべて、クセはありますが好人物ばかりです。もちろん、ストーリーをおもしろくするために、悪役は登場しますが問題はありません。

しんちゃんに登場する悪役のほとんどは〝おまぬけ〟です。悪役ではない、野原家のみんなも、幼稚園の先生や子どもたちも〝おまぬけ〟なところがあります。〝おまぬけ〟は子どもを心理的に追い詰めない特効薬なのです。

悪の魅力を読むのは大きくなってからにしたまえ

子どもの育ちに良くない影響を与えるマンガもあります。

主人公や、それに近い登場人物が、悪い行動をとると、子どもはそれをモデルにしてしまいます。たとえば、乱暴をする、ネコババする、ズルいことをする、人をだますなどの行為ですね。最初は非常に悪い人間だったのが、更正して良い人間になるストーリーもありますが、小学校低学年ぐらいまでは、あまりたくさん読ませないほうがいいでしょう。

悪役のしぐさや口ぐせなどを真似してもとくに害はないのですが、考え方や行動をモデルにされては困ります。「目的のためなら、人に迷惑がかかっても良い」「ケンカでは先に手を出したほうが有利だ」などの悪役のメッセージは、子どもに真似をしてもらいたくないですから。

ひとは生まれたときから、他人をだましたり、ネコババしたりするわけではありません。学習して、学んでそのような行為をするようになるのです。ですから、子どもには、そのようなモデルばかりを見せてはならないのです。

ところで、「戦闘《せんとう》シーンが多いマンガを読むと暴力的になるのでは?」と心配するお母さんが多いのですが、それはありません。読み終わったあと、一次的にキックやパンチなど好戦的な振る舞いをするかもしれませんが、日常的に暴力的な人間になることはないのです。子どもは日々経験を積みながら、場にふさわしい振る舞いができるようになっていきます。マンガの世界と現実は区別して、現実の場面ではむやみにキックやパンチを繰り出すことはありません。むしろ、子どもが暴力的になるとしたら、それは身近に暴力を振るう人がいて、それをモデルとしている場合です。

AC Vol.15 p.109

読み方
14

マンガだけ
絵本だけでなく
両方読むようにしましょう

絵本も読めば〜

読書心理学的な研究成果から言えば、子どもは、絵本から入っていずれ活字の多い本を読むようになります。最初は、絵本を見たり、読み聞かせをしてもらったりするところから始まり、だんだんと文字を覚えて、本が読めるようになります。いきなり文字の本を与えてもむずかしいので、絵本から入るのが一般的です。

子どもにとってのマンガとは、この絵本と本をつなぐ位置にあります。絵本↓本の間に、絵本↓マンガ↓本と入ることで、子どもはスムーズに絵本から活字に移行できるのです。

と、学問的に考察するとこのようになりますが、絵本とマンガでは、子どもが得られるものが違うので、幼児には両方を読ませた方が良いのです。

読み方12でも説明したように、マンガはコマとコマの間、省略された部分を補って読み進めます。絵本とくらべると、ビジュアルがより具体的で、メッセージもはっきりしています。このような点から、その場面を理解する読解力が身につきます。ただし、絵本のように、想像したり、空想したりする場面はあまりありません。

いっぽう、絵本は、絵も言葉も間口が広く、読者はさまざまな受けとり方ができます。イメージをふくらませることで、想像力が身につくのです。

マンガと絵本は、どちらも子どもに良い効果がありますから、両方を読ませると良いですね。「絵本のほうが高級で、マンガは低俗だから、絵本だけ読ませておけばいいわ」のように思っているとすれば、それはちょっと違います。どちらもそれぞれ、子どもに良い栄養分を与えてくれます。

昔話も読めば〜

少し話はずれますが、私の研究室は2010年、子どもと童話・昔話とのかかわりについての研究結果を、いくつかの学会で発表しました。

1990年、2000年、2010年の3回に渡り、幼稚園児に童話・昔話について同じ質

問をし、回答を比較しました。たとえば、「桃太郎が鬼退治のときに腰につけていた物は?」の質問に20年前には、年長児の91%が「きびだんご」と正解していました。しかし2010年の調査では、正解率は51%に低下。代わりに「パン」「ケーキ」「シチュー」などの誤答が増えました。

同じように「桃太郎と一緒に鬼退治に行ったのは?」の質問に、「さる、いぬ、きじ」と正解した年長児は、20年前は89%だったものが、2010年には50%に。あわせて誤答の内容もかなり変化しました。

20年前には、「さる、いぬ、キリン」「さる、いぬ、にわとり」といった、正解から類推できる誤答が多かったのです。きじの「き」だけ思い出せたから「キリン」、鳥だったのは覚えているから「にわとり」のように。しかし、2010年には、「アンパンマン」という珍答が登場しました。「浦島太郎は誰の背中に乗っていったか?」の回答にも「アンパンマン」が登場。これは、絵本や、子ども向けの劇で、昔話をアレンジして、アニメの主人公を登場させることが増えているのが、原因のひとつです。

さらに、この調査では、昔話絵本を持っている子が減っていることもわかりました。兄姉のいない年長児で『桃太郎』を持っているのは、20年前は97%でしたが、2010年には55%と

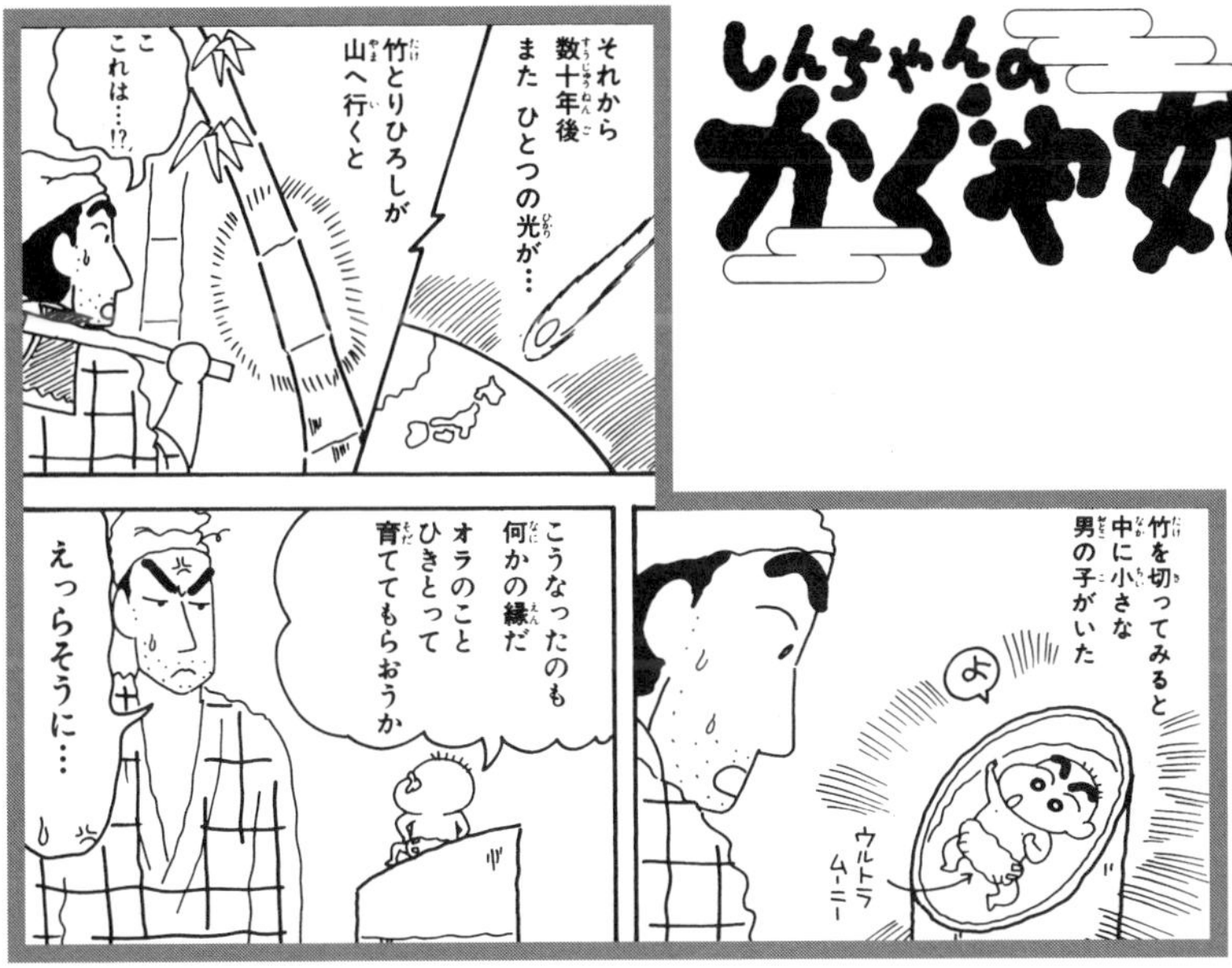

AC Vol.13 p.14

半減。『浦島太郎』は94％から38％へ激減。『さるかに合戦』も94％から37％へ激減。つまり昔話を与えない親が増えているのです。

昔話には、お年よりとの付き合い方や、「なまけると、こうなってしまうよ」というような教訓や道徳観、困難にぶつかったときの知恵、などが、たくさんつまっています。また、『クレヨンしんちゃん』にも、昔話のパロディが登場しますが、パロディはもとのお話を知っているからこそ、よけいにおもしろいものです。

ぜひ、昔話も読ませてあげてください。

読み方 15

クレヨンしんちゃんは就学前からぜひ読ませてください

オラは5歳児幼稚園児だゾ〜

2章で説明したように、『クレヨンしんちゃん』には、子どもの育ちに役立つシーンがたっぷり盛り込まれています。

とくにしんちゃんが5歳の幼稚園児であることは、幼児のモデルとして最適です。読者は、年齢や環境といったステイタスが自分に近い登場人物に親近感をもちやすく、モデルにしやすいからです。就学前の子どもたちにとって、自分と同じ年齢の子が登場する『クレヨンしんちゃん』は、格好のモデルです。遠足や運動会、いもほり会など園を舞台にしたシーンも多く、幼児にわかりやすいですね。

ですから、『クレヨンしんちゃん』は、ぜひ就学前から読ませてください。年長さんになれば、かなり読めます。もちろんわからない部分もありますが、それはかまいません。しかし年少さんだと、まだむずかしい。テレビアニメが放映されていますから、アニメか

AC Vol.44 p.49

ら見せて、マンガへ進むのもいいでしょう。

アニメについていえば、私の研究室の調査では、幼児が好きな番組の第4位に『クレヨンしんちゃん』が入っています（1位プリキュア、2位仮面ライダー、3位おかあさんといっしょ）。男女別で見ると、圧倒的に男児のほうが支持する割合が多いですね。しんちゃんという男の子が主人公だから当然かもしれません。しかし、マンガのしんちゃんシリーズには、『まつざかせんせい編』『シロ編』『ひまわり編』などのセレクションがあり、テーマによっては女の子にも人気があります。

子どもの育ちにプラスになるシーンがたくさんありますから、なるべく、多くの子

どもに読んでほしい。それが私の願いです。

セレクション希望！……セレクションって何？

私が、日本乳幼児教育学会で『クレヨンしんちゃん』について発表したときのことです。座長の先生が、会場係をしていた女子学生に「君は、『クレヨンしんちゃん』を読んだことがありますか」と尋ねました。彼女の答えは、「小学校低学年から読みましたが、母からは禁止されていました」。この発言をきっかけに、幼児向けセレクションを作ればいいのではないかと、議論は進みました。私もまったく同感です。

セレクションの基準は、「お尻を出しているのはダメ」のように禁止基準を作るのではなく、「子どもが何を学べるか?」という視点で選ぶと良いでしょう。2章で紹介したように、マンガのなかには「困っている人を助ける」「友達の気持ちがわかる」「家族を思いやる」「動物をいたわる」シーンが頻繁に登場します。せっかく、良いシーンがあるのに、お尻を出しているからという理由で読ませないのは、本当にもったいないことです。読み方2でも説明したように、お尻を出したからと言って、人格がゆがむなど、子どもの育ちが侵害されることはありません。

もちろん大人にウケる性的なシーンは、幼児には読ませたくない部分です。ほかに子どもに見せないほうが良いシーンとしては、たとえば、武器で人を殺す場面があげられますが、『クレヨンしんちゃん』に、これはありません。ただ、50巻におよぶお話のなかで、たった1回だけ人が亡くなることがありますが、これは子どものためには、むしろ好ましい展開になっています。

まつざか先生の恋人の徳郎さんが、仕事先のアフリカでテロにまき込まれ亡くなってしまうのです。まつざか先生は、悲しみのあまり自暴自棄になってしまいますが、しんちゃんとそのお友達は、先生をなぐさめ、元気になってもらおうと必死になります。子どもが読めば、愛する人を失くすことがどんなに辛いことなのか、どんなに悲しいことなのかを、学ぶでしょう。

くり返しますが、こんなに素晴らしいシーンがあるのに、お尻を見せるからという理由で、子どもからこのマンガをとり上げてしまうのは、本当に残念です。『クレヨンしんちゃん』を出版している双葉社にはぜひ、幼児向けのセレクションを編んでほしいのです。そして、それまでは、お父さんお母さんが、まず読んで、親のモノサシで読ませていいと判断したものを、お子さんに与えてあげてください。

読み方
16

ハッピーエンドでないすばらしさ

AC Vol.11 p.85

へい！5歳児の現実、知りたくない？

人生は、良いときばかりではありません。失敗することもあれば、まったく自分に原因がないのにトラブルにまき込まれることもあります。現実はハッピーエンドばかりでは、ありません。

ところが、『ドラえもん』や、『アンパンマン』といった子ども向けアニメには、ハッピーエンドが多いですね。ドラえもんでは、さまざまな道具が登場し、のび太をハッピーエンドに導きます。教育的観点から見ると、あまり努力しないで他者依存が強い主人公は、いかがなものか、という意見もあります。

いっぽう、『クレヨンしんちゃん』は、ハッピーエンドばかりではありませんし、たまたま良いことをしても本人が良い行為であると気づいていないことも多いのです。まさに現実です。しかも、「現実はこうなんだ！」と押し付けがましく描くのではなく、ギャグと笑いでサラリと読ませます。マンガは、娯楽ですから、楽しくリラックスして読めるのが一番です。子どもは、しんちゃんを楽しく読むうちに、知らず知らずのうちに現実も学んでいくのです。

これは、読み方15でも書きましたが、幼稚園の日常生活が描かれていることも、子どもにとっては現実的です。子ども向けの作品は、ファンタジーが多く、非現実的な設定が多いなか、とてもすばらしい特長だといえます。

オラは、現実的でモラルのある すばらしい5歳児だゾ～

私は、昔話に関する論文のなかで、『コブとりじいさん』というお話では、良いことをするとコブがとれるが、これはおかしいと書いたことがあります。

なぜかと言えば、良い人だからコブがとれるのであれば、コブがある人は悪い人だということになってしまうからです。同じように、足が悪くて車いすに乗っている子どもが、良い行いをしたから奇跡的に立って歩けるようになるというお話があれば、現実に車いすに乗っている子は悪い子だから治らないのだとなってしまいます。じっさいは病気や事故など、理由があって障害があるのに、悪い人間だからというのは、あまりにも現実離れしています。しかし子どものうちから、このような物語ばかりに親しんでいると、障害のある人に関してまちがった認識をもちかねません。

『クレヨンしんちゃん』のなかにも、車いすに乗った女の子ができてきます（20〜21ページ参照）。いろいろなお話を読んでいる子は、「きっと最後は、この子は歩けるようになるんだ」と思って読み進めるかもしれません。でも彼女は、そうならない。治療のためにアメリカに旅立つ女の子に、しんちゃんとお友達は、彼女が大好きなイルカの形をした石を一生懸命に探して、お守りとして渡します。とても感動的なストーリーですが、単純なハッピーエンドではありません。良い行いをしたから奇跡が起こるというのではなく、治療のために遠く旅立つお友達のためにイルカの形をした石を探す。石を探すというのは、5歳児にとってとても現実的で具体的な行動です。困っているお友達のために何かをする、とても良いモデルになるのです。

付け加えると、しんちゃんのマンガのなかでは、悪いことをすれば悪い結果がやってきます。この点では、子どもが「この人悪い人だから、きっと悪いことが起きるな」と思って読み進めるとそうなります。冒険活劇的なストーリーでは〝悪の一味〟は最後は負けるし、日常的なストーリーでは、しんちゃんがお手伝いをさぼったり、お尻を出したりすれば、みさえや大人に叱られます。「悪い人には悪い結果がやってくる」というモデルは、現実社会の実情とかけはなれていようと、小学校低学年ぐらいまでの子どもには必要です。

読み方 17

ネネちゃんが，ウサギのぬいぐるみにストレスをぶつけることの意味

ストレスは発散すればぁ～

しんちゃんのお友達の、ネネちゃんのママは、やさしくてステキなママを目指しています。ところが、しんちゃんをはじめ野原家の人々にペースを乱されるとついキレてしまい、うっかり「てめーら、いい加減にしろ！」などと下品な言葉でどなって、ネネちゃんに「いつものママじゃない」と驚愕《きょうがく》されます。腹が煮え繰り返ってたまらないママは、ひそかに、うさぎのぬいぐるみに連続パンチをくり出して、ストレスを解消。これを繰り返すうちに、いつの間にか、ネネちゃん自身も専用のぬいぐるみにストレスをぶつけるようになります。

さて、読者のみなさんは、この母子をどう思いますか？

腹が立ったらがまんするべきでしょうか。子どもにも「腹が立っても怒ってはいけないよ」と教えるほうがいいでしょうか。

AC Vol.6 p.117

AC Vol.12 p.108

AC Vol.49 p.57

答えは、NOです。子どもに「腹が立ってもがまんしなさい」と教えることは、とても辛い人生を強いることになります。人間の心にはストレスを解消し、安定を保とうとする働きがあり、心理学では適応機制と呼ばれます。ネネちゃんのママがイライラすると、ぬいぐるみを殴るのは、まさにこの適応機制なのです。イライラする、腹が立つというエネルギーをがまんすることで溜め込んでしまうと無理がでます。エネルギーは、発散させなければなりません。

ネネちゃんのママは、ぬいぐるみを殴ることでストレスを発散していますが、誰かに迷惑をかけているわけではありません。ぬいぐるみがかわいそうだという考え方があるかもしれませんが、家族や社会に八つ当たりするより、ずっと良いのです。他人に不快感を与えず、また迷惑をかけない自分なりのストレス解消法をもつことは、生きていくうえで必要なことです。ですから、

ネネちゃんがママのストレス解消法を真似することは、悪いことではないのです。

話は変わりますが、子どもが嫌なことに遭遇したら、自分の考えを表現する力を身につけさせる絶好のチャンスです。「何がキライなの？」「何が嫌なの？」と聞いてあげましょう。「ピーマン、キライ」「○○ちゃんが、私のおやつを食べた」など、自分の言葉で話せるようにします。こういった問いかけをしないで、「がまんしなさいね」と言ってしまうと、子どもは自分の気持ちを表現する力を身につけることができません。

オラは、チョコビのためなら がんばれる

ここで付け加えておきますと、ストレスは発散させたほうが良いのですが、子どもは人格形成のために、がまんをしなければならないこともあります。それは、「待つこと」「耐えること」ことであり、これが身につかないと、がまんできない人間になってしまいます。

たとえば、子どもはよく「買って、買って」と言いますが、すぐに買い与えては「待つ」力が育ちません。「クリスマスにね」「お誕生日にね」「お父さんの給料日になったらね」など、待たせることが大切です。

しかし、苦しいことをひたすら耐えさせるのでは、子どもは音《ね》をあげてしまいます。そこで楽しいことを、ご褒美《ほうび》にするといいですね。ピアノの練習を毎日15分やることにしたら、できた日にはカレンダーにシールを貼るようにする。子どもはシールが大好きですから、これがご褒美になって、15分がんばることができます。そして、そのシールを見たお父さんから「よくがんばったね」とほめられると、さらにうれしいですね。

しんちゃんは、チョコビというお菓子が大好きで、みさえは、よくこれをご褒美にしてがんばらせます。しかし、あまり良いしつけではありません。物やお金をご褒美にして子どもをがんばらせると、ほめられる喜びよりも、お菓子を食べたりお金をもらえる喜びを感じるようになります。すると、たとえば、次はチョコビ1箱では不満で、2箱でないとがんばらなくなりますし、食べたい気分でないときには、がんばることをやめてしまいます。

幼児期から、物やおこづかいで子どもをコントロールしはじめると、だんだんとエスカレートしていきますから、気をつけてください。そうではなく、「よくがんばったね。はい、ご褒美」と、ギュッと抱きしめてあげることも、幼児にはとてもうれしいご褒美です。そして、大きくなっても、お母さんが「よくがんばったね」と笑顔で言ってくれるのが一番のご褒美になれば、最高ですね。

読み方
18

おじいさん，おばあさんとの付き合い方がわかります

オラもよく じいちゃん、ばあちゃんと遊んでやってるぞ

『クレヨンしんちゃん』は、基本的に幼稚園児しんちゃんの日常生活を描いています。ときどき、〝悪の一味〟としんちゃんが対決する冒険活劇的なストーリーが盛り込まれますが、おおむね日常生活マンガといって良いでしょう。野原家の長男しんちゃんを中心に人々の生活が描かれます。

野原家は、父ひろし、母みさえ、しんちゃん、飼い犬のシロで構成される核家族です。おっと、忘れてはいけません。途中から妹のひまわりが強力なメンバーとして加わります。

どの家庭でもそうですが、上の子にとって下の子の出現は、やっかいなものです。自分はいつも「これこれしてはダメよ」と言われているのに、下の子は何をしても怒られないばかりか「いい子ね」とほめられさえする。不条理の極みです。しんちゃんも、お兄ちゃ

んとして、ひまわりには、たびたびがまんをさせらます。しかし、時には兄として妹を守ることもあります。いっぽう一般的な家庭では、上の子ばかりががまんしているわけではなく、下の子も体の大きな上の子には、さからえずに言う通りにしているところもあります。

最近、「上だからと、がまんさせない」のように説く育児書が多いようですが、それにとらわれると一人っ子を二人育てていることになります。せっかくきょうだいであるのに、もったいないことです。なぜなら、右で説明したような伝統的なきょうだいの関係は、理屈通りに行かない人生を生きていくうえでプラスになるからです。

ひろしとみさえは、それぞれ故郷である秋田と熊本に両親が健在で、しんちゃんにとっては、おじいちゃんとおばあちゃんが、マンガのなかにしばしば登場します。野原家が田舎《いなか》に遊びに行くこともあれば、おじいちゃん、おばあちゃんが孫の顔を見にやってくることもあります。このようなシーンを読むことで、子どもは、おじいちゃん、おばあちゃんとの付き合い方を学ぶことができるのです。ふだんから、おじいちゃん、おばあちゃんと同居している子どもは、自然に付き合い方が身についていますが、野原家のような核家族であれば、『クレヨンしんちゃん』は良いモデルになります。

おばさんは、それなりに一生懸命なんだな

ひろしにも、みさえにも兄弟姉妹がいます。しんちゃんにとっては、おじさん、おばさんにあたります。ひろしの兄せましは、〝けちな人〟としてときどき登場しますが、みさえの妹むさえは野原家の居候《いそうろう》となり、重要なサブキャラクターとしてストーリーを進行します。ちなみに、みさえは三姉妹の次女であり、姉妹それぞれの名前は、まさえ・みさえ・むさえ。しんちゃんの登場人物は、このようにユニークな名前が多いのです。

しんちゃんに登場する、おじさん、おばさんの姿は、大人になった兄弟姉妹の姿を子どもに教えてくれます。それぞれの人生を歩みながら、顔を合わせると子ども時代に戻ってけんかやおしゃべりをする姿が描かれています。

さらに、古き良き時代の人間関係を描写しているのは、「またずれ

AC Vol.10 p.21

荘」での生活です。野原一家は、シロアリと台風とガス爆発の災禍《さいか》にみまわれ住宅が大破したため、建て直しの間、アパートに引っ越します。玄関とトイレが共同で、小うるさい大家さんが一緒に住んでいるといういまどきめずらしい人間くさい物件です。

野原家と、ここの住人たちとの濃密な人間関係は、昔の日本を思い出させます。野原家の隣には、四郎《よんろう》さんという、三浪して東京カスカビアン産業大学に入った大学生が住んでいますが、野原家の壁に穴があいてしまい自由に行き来ができます。いつの間にか、四郎さんは、食事どきになると野原家の食卓に当たり前のように座っています。住人の誰かが風邪をひけば、誰かが看病をし、落ち込んでいればみんなでなぐさめます。気がねしながらも、言いたいことを言い合い、助け合って生きているコミュニティの様子は、現在ではなかなか見られませんが、だからこそ、なつかしく心あたたまるシーンになっています。

お父さん、お母さんもぜひ読んでください。

コラム③ママからのメッセージ

しんのすけ Fight!♥

92 ～ 94 ページに引き続き，アンケート調査から，「しんちゃんの良いところ」を紹介します。
ユーモアいっぱいでたくましい，しんちゃんの姿が浮かびあがりますね。

悪いことをしたら怒られる。いいことをしたらほめられる。

悪いところは「ダメよ！」と叱られていて安心。

ほめられる、叱られる、ということがすごく現実的で子どもにとって非常にわかりやすくなっていると思います。

まわりの価値観に振り回されず、自分の好きなこと、好きなものに自信をもっていく。

前向きで、たくましい。

たいへんなことが起きた時など、難しいことにも立ち向かっていくところ。

明るい所は◎だと思います。最初におしりフリフリのまねをしているのを見たとき、絶対にやらないだろうと思っていた子なので少し楽しかった。子どもの性格にもよるのかもしれないけど、あまりふざけることのない真面目な長男の場合は大笑いしながらテレビを見て、少し刺激になって良いと思っています。次男の場合はあまり見せたくない……場面もありますが。

しんちゃんがイタズラをするのでそういうことはしてはいけないというイメージがつく。

たとえば、しんちゃんがふらふら～っと知らない人についていってしまったりすると、子どもが「あー！ダメなことしてる！」と言います。お友達同士のやり取りでも、注意深く見ていて、子どもなりに今まで生きてきて得た知識や知恵に照らし合わせて良いか悪いかを考えています。

ユーモアいっぱい。

失敗することがあっても前向き。

常に前向きな考え方。大人をからかったりいたずらをするのも、知識があり、考えなければできないことである。友情や家族の愛なども感じるから。

うたれ強い（親子ともに）。

きたないこと、エッチなこと、してはいけないこと、してははずかしいことを知る。ひとのふりみてわがふりなおせ。

隠しごとをしない（すぐにばれる）。仲間はずれ等がなくみんなで遊んでいる。シロの世話（生き物の責任感）。

しんちゃんが良いことも悪いこともしてくれるので、楽しみながら学べるんじゃないかと思います。

ふざけているけどやるときはきちんとやっていたような……。

悪いことをした時、ごめんと言える。また、友達がした時、ふざけながらが多いけれど、さらっと注意ができるところ。自然体。

幼稚園の下の子は、学ぶというより楽しく見ているという感じです。5年生の子どもは、映画を見て、感動して涙してます。理由を聞いてみると、家族を大切にしているところや、悪い相手を怖がらずに向かっていく強いところが良いそうです。

性格の明るいところや、友達と仲良く遊んでいる様子を見ていると、子どもも明るくなってるような気がするから。

子どもも見てるとよく笑ってくれるし、しんのすけもやさしかったりするのでいいと思います。

しんちゃんて意外とモラリスト。

おちゃらけたり、からかったりと表面的なものでかくれてしまっている（そういうところだけが目立ってしまっているので）のですが〝思いやりの深さ〟は学ぶものがあると思います。

他人に対する思いやりや、妹を面倒見たり、みさえがしんのすけをしっかり叱るから。その場面を見れば、子どもはこういうことをやってはいけないとわかる。

子どもが、しんちゃん大好きです。

感動できます。

レンタルで映画のDVDを見たときなど感動した。家族の絆や、しんちゃんが妹を守るために立ち向かうシーンなど涙するシーンがある。

うちの子どもは男の子なので「ぞうさん」「おしり」位の可愛い冗談は言えてもいいと思う。大人になってもユーモアがあった方が楽しいのではないかと思う。

4章

クレヨンしんちゃんを使って上手に子育て

AC Vol.34 p.29

読み方
19

コミュニケーションの潤滑油であるユーモアを身につけましょう

オラはまじめな人間だ ただ行動はおもしろいけどね

ユーモアは生活の潤滑油《じゅんかつゆ》です。そして、人間関係の親密度を高めてくれます。いつの時代にもジョーク集の本が売られているのは、仕事などさまざまな場でジョークを有効に使うことが、人間関係の緊張をほぐし、物事を円滑に進めることに役立つからです。

じつは、私も、『クレヨンしんちゃん』を読みながら、「これだ！」と思うギャグがあると手帳に書き留めています。たとえば、ロックグループをやろうということになって、しんちゃんがせつないバラードを歌い始めます。「♪ずっといっしょだと思ってた……あんなことさえしなければ、も少し、いっしょにいられたのかな？」恋人との別れの曲なのかと思っていると、サビではいきなり「チョコビ（お菓子）のいっき食い!!……袋をさかさにして、君をほうばった、あの日……」とくるのです。前半とサビの落差に、大笑いしました。

そのほかにも、しんちゃんとみさえは、こんなやりとりをしょっちゅうしています。

しんちゃん「ただいマンモス」

みさえ「おかえりんごジュースは１００％」

なんだか、ばかばかしいと思うかもしれませんが、このようなユーモアがある人は、何か問題に直面したときに、状況を広くとらえることができます。ギャグというのは、言葉をひねったり、その場の状況を少し角度を変えて見ることで生まれます。ですから、問題が起こったときにも真正面からだけ見て悩むのではなく、ほかの角度から考えることができるのです。

とはいっても、しんちゃん自身にはユーモアはありません。行動がおもしろいだけで、本人は笑わせようとかウケをねらおうと思っているわけではありません。その行動を見て、おもしろいと思う読者に、ユーモアがわかるセンサーがあるのです。

このように、ユーモアは生きていくうえであったほうが良いものです。お父さん、お母さんが日常生活のなかでユーモアを大切にすることで、子どもにもだんだんと身につきます。といっても、いつもお笑い芸人のようにしている必要はありません。

たとえば、お子さんがビックリ箱を作って誰かに渡し、みんなが大笑いしたとしましょう。

このとき、お母さんが「そんなことしてはいけません！」と厳しく叱ったら、その子は二度とビックリ箱を使うことはないでしょう。「よくできてたね。だけど、開けた人がケガをするような危ないものを入れたらダメよ」と、うまくユーモアを導いてあげるのが良いのです。

私の息子が幼稚園のころ、紙ねんどでウンチを作ってきたことがありました。私は、息子と二人でそれを茶色に着色し、さらに近所のTさんの家の玄関に前に置くと、〝ピンポンダッシュ〟をして逃げました。その後、Tさん家からは、同じようなユーモアたっぷりの〝仕返し〟がありました。

もちろん、Tさん家と日頃からコミュニケーションをとっていたからできたことですが、このようにユーモアのやりとりができる関係は、とても愉快です。

ん？　なんでおもしろいの

子どもの笑顔はほかのものには代えがたい、とても貴重なものです。少し、話はずれますが、子どもがマンガやアニメを見て笑うツボは、大人とは違います。

私の研究室では、アニメを見る幼児達がどのシーンで笑うか、どのシーンで興奮して立ち

日曜日《にちようび》
アクションようちえん
さて明日《あした》からわがようちえんはプール開《びら》き
今日中《きょうじゅう》にそうじしなくちゃ
ほう!! もうせみがないてる
ミーン ミーン ミーン
みーん みーん みーん

AC Vol.4 p.98

上がり、画面をさして笑うか、などの研究をしています。映像のなかに、バーコード頭のおじさんの髪の毛が風でペロリとめくれるシーンがあって、その場にいた大人はみんな大笑いしました。ところが100人以上いた子どもたちは誰も笑わなかったのです。これは、子どもたちは、まだ「バーコード頭がペロリとなるとおもしろい」ことを学習していないからです。いっぽう子どもたちが笑ったのは、たとえば「ぼく失敗しちゃった」というセリフ。大人は笑いません。子どもたちには、「失敗する」というのが笑えるツボなのです。

『クレヨンしんちゃん』のなかでも、しんちゃんの顔が変だとか、ママにグリグリされているとか、わりと単純なところで笑っています。

読み方 20

しんちゃんの“困った点”を子育てに上手に使いましょう

ダメって言われるとやりたくなるお年頃なの

教育とは、禁止することではなく、上手に導くことです。

テレビ禁止、ゲーム禁止、携帯電話禁止など、さまざまな物やことを禁止する先生や親がいます。子どものために良かれと信じてのことですが、実際には子どもから多くの機会をうばってしまうことにつながります。

高校生のバイクの例があります。しばらく前まで、高校ではバイク禁止が一般的でした。しかし隠れて乗る生徒が多く、事故も絶えませんでした。バイクで事故を起こして退学ということも多かったのです。そこで、高校の先生達は考えました。

「どうせ乗るんだったら、学校に持ってこさせよう」

そして、警察官を呼んで、校庭で安全教室を開いたのです。すると、隠れてコソコソする必要がなくなった生徒達は、交通規則を守り、人に迷惑をかけることなくキチンと運転するようになりました。高校の先生達は、バイクを禁止するのではなく、生徒達を上手に導いたのです。

バイクには、まだ興味をもたない年齢の子であっても、禁止でなく導くほうが良いことは変わりません。たとえば、テレビを禁止する親がいます。テレビ番組は間接体験の宝庫で、子どもは言葉や社会性などを学ぶことができるのに、長時間だらだら見をしてしまうからなどの理由で禁止してしまうのですね。テレビはほとんどすべての家庭にありますから、テレビを禁止された子どもは、学校や園でお友達との話題に加われず辛い思いをします。子どものためを考えたら、禁止するのでなく、上手に導くほうが、ずっと良いのです。子育てにテレビをいかに上手に利用するかが親の腕の見せどころになります。

たとえば、1日に見る時間を自分で決める。1週間単位で自分で番組予定表を作る、などルールを決めて、それを守らせるようにすることで、将来、時間をコントロールできる力が育まれます。このとき、1日2時間と決めたら、「何が何でも2時間」ではなく、「今日は多く見たから明日は少なくする」というように柔軟に対応するのがポイントです。また、幼児には、番組が始まって15分たったところで、「マサオくんは、どうして泣いているの?」のように、子どもが考えて答えられる質問をすると、思考力が伸びます。ここでは、間違えても訂正

せず、子どもが楽しく番組を見て、お父さんお母さんと喜んで話し合える雰囲気を作ることがポイントになります。

オラは人気者なんだって

もちろん、他人に迷惑をかけない、危険なことはしない、など最低限の禁止項目は子育てには必要です。これについては、読み方21で詳しく説明します。

そして、絶対にこれはダメだという大方針を決めたら、そのほかのことは禁止せず、子育てに上手に利用しようと考えるほうが子どものためになります。

しんちゃんは、お手伝いをなまけたり、幼稚園のバスに乗り遅れたりします。だから読ませずに禁止しようと考えるのではなく、いけないことを教える絶好のチャンスだととらえましょう。一緒に読んで、「お手伝いをなまけるのは、ママは良くないと思うわ」「遅刻をするとママは悲しい」のように、ママの気持ちを伝えましょう。

私の研究室が行った、園児をもつ母親へのアンケートに「息子の行動が遅いときに、『しんちゃんみたいにバスに遅れるわよ』って言うと、あわてて準備します」という回答がありま

AC Vol.50 pp.100-101

した。「遅れる」というのが、どういうことなのか、しんちゃんを通して理解できているのですね。マンガをしつけに上手に使っている例です。

もちろん、このように、しんちゃんが〝使える〟のは、お子さんがしんちゃんが大好きだからです。親しみのないキャラだったら、「〇〇みたいに……」と言ったところで、お子さんは自分の行動を直しません。

しかし、いくら悪い例を上手に利用するといっても、主要登場人物が殺人や、ネコババをするような作品は見せるべきではありません。少なくとも小学校低学年ぐらいまでは禁止したほうが良いですね。『クレヨンしんちゃん』には、このようなシーンはありません。安心して子育てに〝使える〟のです。

読み方 21

子どもには たくさんのモノサシが必要です

母ちゃんは、父ちゃんの休日には一人でデパート行っちゃうぞ

この本では、すでに何度かモノサシという言葉が出てきました。モノサシとは、別の言い方をすれば価値観。自分にとって何が大切なことで、何が大切ではないことなのかを判断する基準です。

幼児期は、このモノサシを作り始める時期です。お母さん、そしてお父さんから「何が大切なことなのか」を学びながらモノサシができていきます。とくに5歳ぐらいまでは、ママの好みは子どもにとって非常に重要な判断基準です。しんちゃんが、お尻を出しているシーンを見て、「ママこういうの苦手だわ」と言えば、子どもは「お尻を人前で出すことはダメなんだ」と思います。

そして、成長し思春期になると、「おやじ、おふくろがどう思おうと、自分の思ったことをする」時期になります。自分だけのモノサシを形作るためには、ここを越えなければなりません。お父さん、お母さんは、子どもの成長を理解して後押ししてあげる必要があります。

この本は、主に小学校低学年ぐらいまでのお子さんをもつ、お父さんお母さんに向けて書いていますので、話をその頃にしぼります。

このように幼児期はモノサシを作りはじめる時期であり、良い物だけを与えてもモノサシはできないことは読み方4でも説明しました。モノサシには良い、悪いを測る役割もありますから、悪い物も見て（悪影響のない範囲で）、なぜ悪いのかを理解しなければ、適切なモノサシを作ることができないのです。

このとき、「ダメです」ではなく、「なぜ悪いのか」「なぜわが家では、これが悪いのか」を子どもが理解できるように説明するようにしてください。お母さんが、ただ「ダメ」というだけでは、子どもは判断の基準がわからず、自分のモノサシが作れません。お母さんが「良い」と言えば良く、「ダメよ」と言えば悪いでは、〝ママがモノサシ〟になってしまい、子ども自身で判断する力が育ちません。

そして、もうひとつ注意していただきたいのは、家のなかの価値観をひとつにしないことです。父親が育児のすべてを母親まかせにしていたり、「ママなんて言ってた？　じゃあママの言うとおりにすればいいよ」のように母親と同じ視点で子どもと接していては、家のなかには、

母親の価値観しか存在しなくなります。そうではなく、すべての子どもには、車の両輪のように、母親の価値観とともに父親の価値観も必要なのです。

AC Vol.24 p.118

子どもが自分のモノサシに父親の価値観をとり入れるためには、お父さんと子どもの時間を作ることが効果的です。

休日はお父さんと子どもで外出する。そして、外出先のことを、お母さんはあまり詮索しないほうが良いのです。

たとえば「パパとどこでお昼食べたの？　まあ、マ○ドナ○ド！　ママは、イザというときにしか行かないようにしているのに……もうパパったら」と、お母さんはついつい小言を言いたくなりますが、そこはがまん。父と子の時間を大切に思って見守ってあげてください。

みさえは、休日になると、ひろしに子どもたちをまかせて、自分だけショッピングにでかけますが、子どもにとってはとても良いことです。

子どもが、他人の価値をきちんと認めることができる、多元的なモノサシを作るためには、「お母さんと子どもの時間」「お父さんと子どもの時間」「お父さんとお母さんと子どもの時間」がどれも大切です。

しかしどうしても、お父さんとの時間が少なくなりがちですから、意識的に作ったほうが良いのです。

秋田のじいちゃんも熊本のじいちゃんもパワフルだぞ

大人である、お父さんとお母さんは自分の価値観であるモノサシをすでにもっています。つまりそのモノサシで子どもを測っているのですね。子どもにとっては、家のなかにこのモノサシが多いほうが生きやすい。だから、おじいちゃん、おばあちゃんは大切なのです。両親2つのモノサシに加えて、さらにおじいちゃんのモノサシ、おばあちゃんのモノサシで見てもらえるからです。

例をあげれば、お母さんが「テスト見せなさい」と成績を気にし、お父さんが「サッカーの練習どうだ?」とスポーツに期待するのとは別に、おじいちゃん・おばあちゃんは「○○はやさしい子だねえ」とか「朝早く起きるのはいいことだ」など、違ったモノサシで見てくれます。三世代同居は、この面では、子育てにとても良い環境だと言えます。

じいちゃん，ばあちゃんは第3のモノサシ①

AC Vol.16 p.105

じいちゃん，ばあちゃんは第3のモノサシ②

AC Vol.40 p.50

読み方
22

家族の大方針とさじ加減

多すぎるお約束は覚えられないゾ～

ママとのお約束第43条　人がお昼寝してる横でスイカわりしてはいけない!!

　みさえは、しんちゃんを叱るたびに、ノートにお約束を書いて守らせようとしますが、子どもにはこれはむずかしい。子どもは、二日前のことを忘れてしまうため、直前に言っておく必要があります。たとえば、電車に乗る前に、「今から電車に乗ります。してはいけないことは何でしょう?」と聞きます。「走ったり、さわいだりしない」と答えさせ、もし電車のなかで走ったり、さわいだりしたら叱ります。しかし、人は自分で答えたことは守るものです。さらに、子どもは自分自身で答えることで、理解が深まるため、この点でも約束を守ります。

　そうではなく、お母さんが子どもに守らせたいことを言ってしま

AC Vol.4 pp.96-97

うとこうなります。

母「電車のなかでは、走っちゃいけないのよね」／子「うん」

母「静かにするんだよね」／子「うん」

母「わかった?」／子「うん」

お母さんは、伝えたつもりでも、子どもは「うん」としか口にしていませんから、理解が十分ではありませんし、守ろうというモチベーションに欠けます。子ども自身に「走らない」「静かにする」と言わせるようにしましょう。

父ちゃんと母ちゃんはファジーなのうまいゾ〜

「子どもが言うことを聞かない」「効果的

なしつけの仕方を教えてほしい」

お母さん達から、このような質問を頻繁に受けます。

答えは、子どもに「わが家では何が良くて何が悪いのか」をいつも意識させることです。親の側に立って言えば、これをしたら絶対に叱るという家族の大方針を決めることです。

他人に迷惑をかけない。自分や他人に危険なことをしない。は、どこの家庭にもあてはまる大方針です。そのほかは、各家庭ごとの基準から方針を決めましょう。礼儀作法に厳しい家庭もあれば、自由な家庭もありますから、子どもがどんな行動をとったら悪いのかは、ご両親が判断するものです。もちろん、子どもも一緒に話し合って方針を決めることができれば、最高に効果的です。

そして、大方針が決まったら、子どもには絶対に守らせるようにします。

いっぽう、大方針以外のことは、穏やかに対応します。つまりファジーです。「今日はテレビもっと見たい！」「じゃあ、今日は見て、明日は減らそうか」のように、その場、その場で子どもと相談して決めれば良いのです。こうすることで、状況によって変化する物事には、臨機応変に対応することが伝えられます。さらに、相談して決めることで、子どもは「ママはこの前はこうだって言ったのに、今日は違う。いい加減なんだ」と、とらえなくなります。

この「絶対の大方針とファジーさ」のさじ加減が、ご両親の腕の見せ所です。

大方針の基本を決めるのは、お父さんとお母さんです。そのためには、二人でよく話し合いましょう。子どもが生まれる前から、「こういう子になったらいいね」「こんな風に育てたいね」と話し合っていれば、大方針も定まります。

もちろん、子どもが生まれたあとも会話はさらに必要です。「塾はいつから行かせる？」「受験はどうする？　中学受験する？」のように、日頃からよく話し合っておくことが大切です。そうでないと、お父さんは、突然お母さんから「○○の塾の申し込み締め切り明日なんだけど、どうする？」と聞かれても答えられません。

父「えっ、まだ早いんじゃないか？」、母「じゃあ、算数どうするのよ。○点とったのよ！あなたに似たんだわ」、父「なんだと！」と結局ケンカになり、最後は、父「ええい、お前の好きにしろ」と投げ出します。そして、お母さんはお父さんに相談しなくなります。

父親の育児参加とは、おむつを替えたり、お風呂に入れたりすることだけでは、ありません。土日しか家にいなくても、子育ての会話を奥さんとたっぷりすることが、育児参加の基本なのです。

読み方 23

子どもの前で 夫婦げんかをしても良いのです

父ちゃんと母ちゃんはときどきケンカするゾ〜

ひろしとみさえは、ときどきケンカをします。そして、子ども達の前で、ケンカをしてしまったことを反省します。しかし、本当は子どもの前で夫婦げんかはしたほうが良いのです。ただし、モデルになるケンカであればですが。

人間の生活にはケンカはつきものです。とくに成長期の子どもは、豊かになりつつある感情を抑えきれずに、よくケンカをします。しかし、ケンカのあとは、お互いがよりわかりあえて、さらに仲良くなることも多いものです。たとえば、しんちゃんとカザマくんは、頻繁にケンカをしますが、良い友だちですね。幼児のうちから、このような良いケンカのモデルを見て、良いケンカをしていれば、安心です。なぜなら、「ケンカをしてはいけません」と言われ、ケンカをしないで育った子どもは、ときに感情が高まるとコントロール

AC Vol.22 p.107

できずに、思わず相手に暴力をふるったり、言ってはいけない言葉で相手を傷つけてしまうことがあるからです。さらに、人生では、ケンカになりそうになっても相手との衝突を避けるなど、〝ケンカをうまくさばく〟ことも必要になります。こういった知恵も、子どものころから、良いケンカをしていればこそ、身につけることができるからです。

子どもが良いケンカができるように、お父さんお母さんも良い夫婦ゲンカをしてください。なぜなら、お父さんお母さんは、子どもにとって一番のモデルだからです。

良いおケンカと悪いおケンカがあるんだって

まず、悪い夫婦ゲンカから説明しましょう。これは、子どもに悪い影響を与えてしまいます。

❶暴力をふるう……子どもが、暴力をふるう親をモデリングし、園や学校で同じように暴力をふるうことがあります。

❷母親が子どもを置いて家出する……子どもは非常に不安を感じ、お母さんが帰宅しても側を離れられず、登園できなくなることもあります。

❸3日以上のような長期間、口をきかない……子どもに非常なストレスを与え、爪《つめ》噛《か》み、おねしょ、チック、円形脱毛症のような神経症状があらわれることもあります。

❹子どもに愚痴《ぐち》を言う……ケンカのあと、「パパって××だから嫌なのよね」のように愚痴をこぼすと、子どもはお母さんと一緒にお父さんを敵視するようになります。「パパとママがいつもボクを見守ってくれている」という安心感が、子どもに勇気を与え困難に向かう源となるのですが、それをさまたげてしまうのです。

このような夫婦ゲンカはしないように気をつけてください。次に、子どものモデルになる良いケンカの要素をあげてみましょう。

①勝とうとしない……良いケンカとは、相互理解を深めるものです。自分の意見や思いを相手に伝え、相手の意見や思いを受けとることを第一に考えましょう。多くの母親は「ケンカは相手を謝らせるためにするもの」だと誤解しています。だから、最近の父親はすぐに謝るようになっているのです。

②双方でぶつけ合う……片方が一方的にどなりつけ、もう片方が押し黙っているのでは、お互いが意見をぶつけ合うことにならず、相互理解も深まりません。

③仲直りしている姿を子どもに見せる……どのような形であれ、両親のケンカは子どもを緊張させます。ケンカをした翌朝には、仲直りをした姿を見せて安心させましょう。「ママ、夕べは悪かったね」とほっぺたにチュッをするなどスキンシップを見せるのは最高の方法です。

④日頃からルールを話し合う……①から③のルールを日頃から確認しておきましょう。ケンカが始まってからでは遅すぎます。仲の良いときに十分に話し合っておいてください。

良いケンカのためにも、やはり日頃からの話し合いが大切です。子育ての基本は、夫婦の会話なのです。

読み方
24

ぎゅっと抱きしめれば子どもはすくすく育ちます

子どもは不安になりやすいんだぞ

子どもを包み込むように、ぎゅーっとしてあげると、心がとても安定します。

もちろん普段から、抱きしめてあげて良いのですが、とくに子どもが不安定なときには、意識して、ぎゅーっと抱きしめてあげてください。

子どもは、何か起こったとき、その意味を十分に理解することはまだむずしく、漠然《ばくぜん》と「怖いこと」とか「不安なこと」のように感情レベルで受け取ります。とくに、2011年春に起きた大震災のようなできごとがあると、連日の報道や大人の会話などから、被害の大きさや社会への影響などは理解できないものの大きな不安を感じます。そして、被災地の子どもでなくても、夜泣き、甘え、不登校、不登園などが見られることがあります。

このような時には、「だいじょうぶだよ」と声をかけながら、ぎゅーっと抱きしめてあげると不安を解消する効果があります。じっさい震災直後に、いくつかのメディアで、子どもが不安な時には、ぎゅっと抱きしめてくださいと文章を発表したところ、多くの親御さんや保育者から「大きな効果がありました」と連絡をいただきました。くわしく書きますと、大震災の影響で不安な子どもに、

①「だいじょうぶだよ」「パパとママがいるからね」と言葉で安心させる
②ぎゅっと抱きしめる
③子どもの話をさえぎることなく最後まで聞いてあげる

などを繰り返すことで状態がかなり良くなったのです。

父ちゃん母ちゃんに ぎゅっとさせてあげてもいいよ

大震災に限らず、子どもが不安になったとき、落ち込んでいるとき、いつもと様子が違うときなどには、ぎゅっと抱きしめると良いのです。言葉で「○○ちゃんのこと、ママ大好きよ」と愛情を伝えることも大切ですが、スキンシップの効果はさらに大きいのですね。

AC Vol.17 p.15

幼稚園や保育所で、泣いたり、わざとみんなが嫌がることをしたりと情緒が不安的な子どもの相談を受けると、私はいつも「ぎゅっと、してあげてください」とアドバイスします。だっこでも、ハグでも良いから、すべての先生が、その子を見かけたら「ちょっとこっちにおいで」と声をかけ、ぎゅっとするのです。すると1日に何度も抱きしめられることになり、だいたい2週間もすると、不安定な状態が解消されます。

これは、たとえば弟妹が生まれて、急に親に甘えるような場合も同様です。「お兄ちゃん（お姉ちゃん）も大好きよ」と、1日に何度も、ぎゅっと抱きしめてあげると、「ママをとられてしまうかもしれない」という不安が解消されます。

このように、何かが起こると、子どもは意味がまだよく理解できないぶん、大人よりもより大きな不安にかられます。子どもがいつもと違うようすを見せたら、ぎゅっと抱きしめて不安を取り除いてあげましょう。

そして、このぎゅっには、もうひとつ大きな効果があります。

子どもをぎゅっと抱きしめると、抱きしめたお父さんやお母さんも安定するのです。

私の二人の子どもは、大学生と高校生なので、もう抱きしめさせてくれません。お子さんが小さいうちに、お父さんお母さんは、ぜひ何度も何度もぎゅっとしてあげてください。

読み方
25

混迷の時代
どんな困難にもくじけず
立ち向かっていく力をつけましょう

みんなオラに学べば〜

『クレヨンしんちゃん』は、お父さんお母さんにとっても、子どもにとっても良いモデルになることをお話してきました。

お父さんは、〝どんなことがあっても家族を守るのだ〟というひろしの決意を、お母さんは〝子どもの失敗を許す〟みさえのおおらかさを、ぜひ参考にしてください。

そして、家族愛、友情、思いやりに満ちた『クレヨンしんちゃん』には、子どもの成長にとって役立つシーンが満載されています。親子で読んで、「しんちゃんのこういうところはいいところだよな」「こういうのはママは苦手だわ」のように、お子さんにお父さん、お母さんの価値観を伝えましょう。

さて、しんちゃんは、マイペースで他人の目を気にせず、自分のやりたいことをやりたいようにやっています。問題に直面しても誰かに頼ることなく、自分でなんとかしようとします。さらに、思いやりの心をもっています。現代における、ひとつの理想的な生き方ではないでしょうか。

現実社会では、しんちゃんほどマイペースには生きられませんが、困難から逃げず立ち向かっていくたくましさと、思いやりの心があれば、長い人生をなんとか歩んでいけます。この二つのうち、思いやりの心は、たとえば『クレヨンしんちゃん』の思いやりのシーンを読んだり、お父さんやお母さんが、示す思いやりのモデルから学んでいけます。

それでは、困難に立ち向かっていく力は、どのようにすれば身につくでしょうか。最後に、それについてお話しましょう。

母ちゃん うなずいてる？

私は、講演会でお母さん達にいつもこのようにお話します。

「お母さん、子どもさんに、うなずいてあげてください。うなずきすぎて、首がいたくなるぐらい、何度も何度も。お母さんが、うなずいた数だけ、お子さんは強くなります」

子どもはお母さんにうなずいてもらえると自信がつき、新しいことに挑戦しようという気持

ちが生まれます。ところが、何かできても当たり前、失敗したら怒られるという状態では、自信がもてず、消極的な子になってしまいます。

たとえば、園で工作をしながら、「これでいいのかな？」と周囲の大人の顔色をうかがうような子です。自信がないので、挑戦してみようという意欲がわかず、ほかの子と同じような物を作って無難にまとめてしまいます。また、家でうなずかれていない子は、「ボクを見て見て」とスタンドプレーをし、ほかの子がほめられていると「○○ちゃんズルイ！」と非難することもあります。

お母さんは、どうしても、子どものできないところに目がいってしまいますね。本当は、できていることがたくさんあるのですが、「あれができない」「これができない」と目に付いて仕方がないのです。するとと子どもは、うなずかれることがなく、叱られてばかり。

そこで成功しても失敗しても、お子さんにはうなずいてあげましょう。成功しても、失敗しても、お子さんを認めてあげるのです。

失敗すると、子どもは「あっ、叱られる！」と心がギュッと縮みます。

AC Vol.48 pp.68-69

そこにお母さんから、「やろうとしたんだね。おしかったね」と、うなずいてもらえると、ホッと緊張から心が解放されます。お母さんはそれから、「こうすればいいのよ」としつけをすれば良いのです。しかし、誰かをいじめたり、たたいたり、公共の場所で迷惑をかけたりしたときには、うなずく必要はありません。すぐに叱りましょう。読み方22で説明した、家族の大方針に反する場合にあたります。

何かに挑戦しようとして失敗しても、それは、素晴らしいことなのです。うなずいてあげましょう。そして、小さなことでもできたら、「こんなの当たり前」と思わず、やっぱりうなずいてあげましょう。「ママはいつもボクを見守ってくれている」という安心感につながり、新しいことに挑戦できる子どもになります。

お母さんのうなずきの数だけ、子どもは前向きに力強く育っていくのです。

5章

マンガ『クレヨンしんちゃん』から子どもは何を学ぶのか

～学会発表の抄録より～

AC Vol.45 p.90

本章は、２００９年から２０１０年にかけていくつかの学会で発表した「マンガ『クレヨンしんちゃん』から子どもは何を学ぶか」Ⅰ～Ⅳの内容を抄録したものです。

Ⅰ 専門家が選んだ子どものモデルになる場面

1 調査方法

マンガ『クレヨンしんちゃん』が子どもたちにどのような影響や効果をもっているのかを客観的に検証するため、幼児教育や保育学の専門家が子どもにとって好ましいと評価する内容（家族愛、園生活での協力、友情、正義、他者への援助行動、正直など）がどのような形で描かれているのかについて好ましい場面を事例的に取り上げ、その効果を考察した。

調査は、マンガ「クレヨンしんちゃん」1～48巻を幼児教育学・保育学を専門にしている大学研究者3名が査読し、それぞれが「子どもにとって好ましい場面」を抽出し、その選択が適切であるかどうかを議論し、判定する方法で行った。今回は、子どもが読んで「登場人物の行為を自分が無理なくモデリングできる」という基準を設定し、その行為の主体者が子どもである場面に限り抽出した。

2 調査結果

①他者に対する援助行動

他の子ども向けマンガにはほとんど見られない場面である。援助行動はモデリングによって生起する傾向が強いので再現効果がある。

＊カザマくんが視覚障害者の手引きをして道路横断をする場面（15巻）
＊自分の利益をあきらめ、おじいさんの病気を治す場面（34巻）
＊蛙を走行車から助ける場面（34巻）
＊病気の高齢者を子どもたちがはげます場面（35巻）
＊自分の利益をあきらめ、おばあさんをケガから救う場面（41巻）

② 友達との関係
＊カザマくんがしんちゃんに謝り、しんちゃんがそれを許す場面（43巻）
③ 家族との関係
＊疲れている母親をいたわる場面（25巻）
＊妊娠中の母親をいたわる場面（16巻）
＊病気の父親をいたわる場面（35巻）
＊妹の世話をする場面（30巻）

徳田克己・西村実穂（２００９）『漫画「クレヨンしんちゃん」から子どもは何を学ぶかⅠ～子どものモデルになる場面』日本保育学会第62回大会研究論文集より抜粋して掲載

Ⅱ　保護者へのアンケート結果

1　調査方法

『クレヨンしんちゃん』には子どもが学ぶべき内容が含まれているという点をふまえ、保護者が子どもに見せたくないと感じている背景には何があるのか、この作品を読書あるいは視聴経験のある者は作品をどのように評価し、いかなる学びがあると考えているのかを明らかにするため、幼児期の子どもをもつ保護者を対象にアンケート調査を行った。

２００９年５月から７月にかけて、関東にある私立幼稚園７園の保護者に対する講演会の会場（３カ所）において、マンガ『クレヨンしんちゃん』に関する保護者への質問紙調査（自記式・無記名式）を依頼し、４９８名より調査協力を得た。内訳は、女性４７５名、男性23名。年齢は20代64名、30代３４８名、40代83名、50代３名。回収は留置式で行った。

2　調査結果

1　保護者が評価している点、評価していない点

アンケートの結果から、『クレヨンしんちゃん』を保護者がどのように評価しているのかをまとめた。

① 回答者を「クレヨンしんちゃんを子どもに勧めたい群（＝推奨群）」「どちらでもない群」「クレヨンしんちゃんを子どもに勧めたくない群（＝非推奨

群）」に分けた。推奨群は全体の12％（58名）、どちらとも言えない群は45％（220名）、非推奨群は43％（206名）であった。

②子どもがこのマンガを読んでいるかどうかを尋ねたところ、推奨群では「よく読んでいる」という回答が19％、非推奨群では5％であった。推奨している保護者の子どもの方がこのマンガを読んでいる傾向が強かった（$p<0.01$）。

③子どもがこのアニメを見ているかどうかを尋ねたところ、推奨群では「よく見ている」＋「ときどき見ている」の回答が88％、非推奨群では51％であった。推奨している保護者の子どもの方がこの

表１　子どもが学べる内容が含まれているか

	推奨群 n=58	どちらでもない群 n=220	非推奨群 n=206	χ^2 値
非常に・多少は含まれる	84％	65％	30％	
どちらとも言えない	7％	29％	42％	102.0**
ほとんど・全く含まれない	3％	2％	23％	

※ 無回答は除いてある　　** $p<0.01$

表２　子どもにとって学ぶことが出来る内容

	推奨群 n=43	どちらでもない群 n=124	非推奨群 n=52	χ^2 値
友達へのかかわり	40％	40％	35％	0.51
思いやりやさしさ	30％	29％	38％	1.55
良い行いと悪い行い	19％	9％	10％	3.23
妹へのかかわり	19％	19％	21％	0.11
親を思う心	16％	16％	19％	0.27
家族の大切さ	14％	6％	8％	2.41

※ ％の母数は表１で「非常に・多少は含まれる」と回答した者

表３　見せたくない番組であると考えられている点

	推奨群 n=53	どちらでもない群 n=190	非推奨群 n=189	χ^2 値
下品	77％	75％	77％	0.16
言葉遣いが不適切	28％	26％	32％	1.65
大人を馬鹿にする	19％	23％	21％	0.61
親を呼び捨てにする	15％	9％	15％	3.48
若い女性が好き	11％	7％	6％	1.49

※ ％の母数はこの設問に回答した者

アニメをよく見ている傾向が強かった（$p<0.01$）。

④映画を視聴した経験を尋ねたところ、推奨群は60%、非推奨群は24%であった（$p<0.01$）。

⑤子どもが学べる内容が含まれているかを尋ねた結果を表1に示した。推奨群は学べる内容があると考え、非推奨群は「どちらとも言えない」「含まれない」と回答する傾向があった（$p<0.01$）。

⑥学べる内容を表2に、また見せたくないと考えられていると保護者が判断する点を表3に示した。これらの項目については、推奨群と非推奨群の間に有意な差は認められなかった。

徳田克己・西館有沙・西村実穂（２０１０）『漫画「クレヨンしんちゃん」から子どもは何を学ぶかⅡ～保護者が評価している点、評価していない点』日本保育学会第63回大会研究論文集より抜粋して掲載

2　子どもはしんちゃんの真似をするか

クレヨンしんちゃんは、その話し方や行為に特徴があり、子どもが真似をしやすいキャラクターのひとつである。子どもは遊びのひとつとして、あるいは周囲の大人や友達を喜ばせようとして、家庭や幼稚園・保育所のなかでしんちゃんの真似をすることがある。そこで、子どもがどのように真似をしているのか、それに対して保護者がどのように考え、いかにかかわっているのかを明らかにした。

①回答者（４９８名）の子どもは全員がマンガ、アニメ、映画のいずれかを読んだり見たりした経験をもっていた。具体的に、マンガを「よく読んでいる」＋「ときどき読んでいる」子どもは99%、アニメ番組を「よく見ている」＋「ときどき見ている」子どもは61%、映画を「見たことがある」子どもは99%であった。

②子どもがしんちゃんの真似をしたことがあると回答した者は全体の53%（４９８名中２６３名）であった。

③子どもがしんちゃんの真似をした際に叱ったことがある保護者は、子どもが真似をしたと回答した者のうちの56%（２６３名中１４６名）であった。

④子どもが真似をした経験について、推奨群（58名）、どちらでもない群（２２０名）、非推奨群（２０６名）に分けて数値を求めたところ、推奨群の78%、

どちらでもない群の52％、非推奨群の50％が真似をしており、さらに3群の間に有意な差があることが確認できた（表4）。つまり、クレヨンしんちゃんを子どもに勧めたいと思っている保護者の子どもほど、真似をする傾向があることが明らかになった（$p<0.01$）。

⑤真似をした内容（行為、セリフ）のそれぞれについて3つの群の割合を求めたところ表5のようになった。行為については3つの群の間に有意な差はなかったが、セリフについては、この作品を推奨する保護者の子どものほうが真似をする傾向が強かった（$p<0.05$）。

⑥行為を真似た子どもの64％は「尻を出す」ことをした。ついで、「（尻は出さないが）尻を振る」（23％）、「ちんちんを出す」（5％）であった。その他（12名）の回答には「ちんちんにゾウの絵を描こうとした」「苦手なピーマンを食べた」などがあった。

表4　子どもが真似をした経験

	推奨群 n=58	どちらでもない群 n=220	非推奨群 n=206	χ^2 値
ある	78%	52%	50%	14.57**
ない	12%	48%	50%	

** $p<0.01$

表5　子どもが真似をした内容

	推奨群 n=45	どちらでもない群 n=115	非推奨群 n=103	χ^2 値
行為	84%	77%	76%	1.50
セリフ	64%	40%	45%	7.90*

※ %の母数は子どもが真似をしたことがある者
* $p<0.05$

表6　子どもが真似をした際に叱った経験

	推奨群 n=45	どちらでもない群 n=115	非推奨群 n=103	χ^2 値
ある	45%	42%	77%	31.77**
ない	53%	58%	21%	

※ %の母数は子どもが真似をしたことがある者
** $p<0.01$

⑦子どもが真似ていたセリフは、しんちゃんの一人称である「おら」（セリフを真似た子どもの30％）、「お尻ぶりぶり」（13％）、「みさえ（しんちゃんの母親の名前）」（10％）、「かあちゃん（とうちゃん）」（5％）、「ぞうさん、ぞうさん」（4％）などであった。その他（41名）には「ほほーい」「どきがむねむね」「○○食べれる？」「おじゃましまうま」などがあった。

⑧子どもが真似をした際に叱ったことがあるかどうかを尋ねたところ、叱った経験があったのは推奨群が45％、どちらでもない群が42％であったのに対して、非推奨群は77％であった（表6）。カイ2乗検定を行った結果、非推奨群において叱る親が有意に多いことが確認できた（$p<0.01$）。

⑨大学生（対象者数637名）を対象にした調査結果（未発表）において、しんちゃんの真似をした際に、親から「下品だ」「くだらない」などと叱られた経験のある者は少数であることが確認された（真似をしたことがある者のうちの13％、232名中30名）。

⑩以上のことから、約半数の子どもがしんちゃんの真似をしたことがあり、そのうちの半数強の親が真似をしたことで子どもを叱っていることがわかった。

西館有沙・西村実穂・徳田克己（2010）『漫画「クレヨンしんちゃん」から子どもは何を学ぶかⅢ～子どもはしんちゃんの真似をするか』日本保育学会第63回大会研究論文集より抜粋して掲載

3　母親の読書経験および視聴経験の有無による内容評価の差異

アニメを視聴したりマンガを読んだりした経験の有無によって内容評価がどのように異なるかを明らかにした。回答者をアニメの視聴経験の有無およびマンガの読書経験の有無によって分類した。アニメもしくはマンガのいずれかを視聴（読書）した経験のある群（以下、視聴等経験あり群）は353名、視聴経験も読書経験もない群（以下、視聴等経験なし群）は139名であった。なお、過去と現在の視聴（読書）経験を尋ねる項目のいずれにおいても無回答であった者が6名いたため、それらの回答は除いてある。

視聴等の経験の有無により、しんちゃんのキャラク

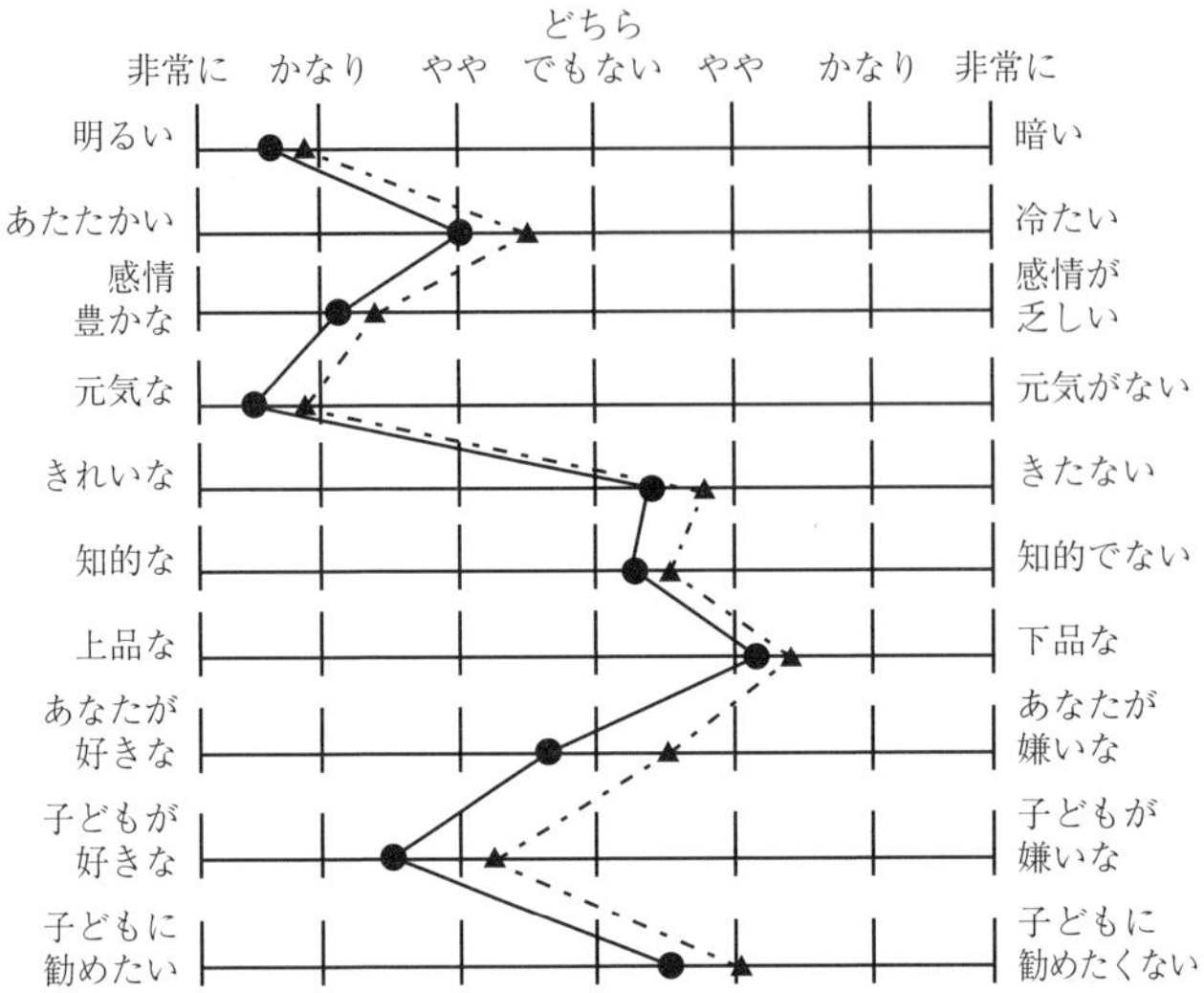
どちら
非常に
かなり
やや
でもない
やや
かなり
非常に
明るい
暗い
あたたかい
冷たい
感情
豊かな
感情が
乏しい
元気な
元気がない
きれいな
きたない
知的な
知的でない
上品な
下品な
あなたが
好きな
あなたが
嫌いな
子どもが
好きな
子どもが
嫌いな
子どもに
勧めたい
子どもに
勧めたくない

平均値（SD）		
視聴等有●	視聴等無▲	*t* 値
1.7（0.8）	1.9（1.0）	2.10*
3.0（3.8）	3.5（1.5）	2.18*
2.2（1.2）	2.4（1.4）	1.98*
1.5（0.9）	1.9（1.2）	3.19**
4.4（1.0）	4.7（1.1）	2.48*
4.2（1.4）	4.4（1.7）	1.41
5.1（1.4）	5.3（1.5）	1.52
3.6（1.2）	4.5（1.6）	5.81**
2.6（1.1）	3.2（1.4）	4.49**
4.4（1.4）	5.0（1.6）	4.36**

図１ "しんちゃん" のキャラクターイメージと好感度 ** $p<0.01$, * $p<0.05$

ター評価や好き嫌いなどに差異が生じるかを分析した結果を図1にまとめた。2群それぞれのしんちゃんのキャラクターイメージについて、「知的な―知的でない」「上品な―下品な」の2項目に有意差はなかったものの、それ以外の項目においては有意な差が認められた。つまり、視聴等の経験のない保護者は、視聴等経験あり群と比べてしんちゃんをネガティブに評価する傾向にあった。実際には、別れの場面で悲しんだり、いじめっ子に注意したり、困っている人を助けたりするしんちゃんの姿は作品中に多く描かれており、視聴等経験なし群はこれらの内容を知らないためにキャラクターイメージの評価が低まったと考えられる。

図1より、視聴（読書）経験の有無によってこの作品の好き嫌い、子どもの作品に対する好き嫌い、作品を子どもに勧めたいかどうかに有意な差が認められた。この作品を見たり読んだりした経験のある保護者は、自身も子どもも共にこの作品を好み、視聴等経験なし群よりも子どもに勧めたいと考える傾向にあったことから、この作品にふれることによって内容の評価が低くなるわけではないと言える。言

おすすめします！
育児の教科書『クレヨンしんちゃん』
――生きる力を育むマンガの読ませ方

2011年 7月20日　初版第1刷発行
2017年10月30日　　　第4刷発行

著　者　　徳田　克己
発行者　　石井　昭男
発行所　　福村出版株式会社
〒113-0034　東京都文京区湯島2-14-11
電話　03-5812-9702　FAX　03-5812-9705
http://www.fukumura.co.jp

印刷　株式会社文化カラー印刷
製本　協栄製本株式会社

ISBN978-4-571-11026-9 C0037